LAROUSSE
Cuisine & Cie

RECETTES MINCEUR
tout
en saveur

Édition originale

Cet ouvrage a été publié pour la première fois en 2008
sous le titre *Good Food 101 Healthy Eats* par BBC Books,
une marque de Ebury Publishing,
un département de The Random House Group Ltd.

Photographies © BBC Good Food Magazine 2008
Recettes © BBC Good Food Magazine 2008
Maquette © Woodlands Books 2008
Toutes les recettes de ce livre ont été publiées
pour la première fois dans BBC Good Food Magazine.

Édition française

Direction éditoriale Véronique de FINANCE-CORDONNIER
Édition Julie TALLET
Traduction Ghislaine TAMISIER
Direction artistique Emmanuel CHASPOUL
Réalisation Belle Page, Boulogne
Couverture Véronique LAPORTE
Fabrication Annie BOTREL

© Larousse 2010, pour l'édition française

ISBN : 978-2-03-585116-1
ISSN : 2100-3343

RECETTES MINCEUR
tout
en saveur

Jane Hornby

LAROUSSE

21 rue du Montparnasse 75283 Paris Cedex 06

Sommaire

Introduction   **6**

À propos des recettes   **8**

Classiques allégés   **10**

Recettes saines
pour la semaine   **48**

Légumes et salades
énergétiques   **88**

Plats uniques
végétariens   **122**

Repas
sans complexes   **152**

Desserts légers   **180**

Index   **212**

Introduction

Nous sommes tous confrontés à un véritable dilemme : avoir
une alimentation légère et saine sans renoncer pour autant
à ce que nous aimons. Un véritable défi, en apparence...
Et pourtant, il suffit de quelques astuces et de produits naturels
pour équilibrer facilement, tout en restant gourmand, le contenu
de nos assiettes !

Envie de pâtes à la sauce bolognaise ? Aucun problème !
Vous pensez devoir vous passer de pommes sautées ?
Rassurez-vous ! Il suffit de retravailler les recettes classiques
trop copieuses, pour composer des repas plus légers sans altérer
leur saveur.

Chacun des plats proposés a une faible teneur en lipides,
contient peu de graisses saturées et de sel, apporte au moins
l'une des cinq portions de fruits et de légumes qu'il est recommandé
de manger chaque jour, ou constitue une bonne source d'oméga-3,
de fer ou de fibres. Certaines de ces préparations particulièrement
bénéfiques pour la santé combinent d'ailleurs tous ces mérites !

Au large éventail de recettes salées et sucrées sélectionnées
pour tous les jours s'ajoute un vaste choix de suggestions tout aussi
savoureuses que légères, qui réjouiront vos convives pour les repas
festifs. Ainsi, quelle que soit l'occasion, vous n'aurez que l'embarras
du choix, sans devoir compromettre vos bonnes résolutions !

À propos des recettes

• Lavez tous les produits frais avant préparation.

• On trouve dans le commerce des petits œufs (de moins de 45 g), des œufs moyens (de 45 à 55 g), des gros œufs (de 55 à 65 g) et des extra-gros (de plus de 65 g). Sauf indication contraire, les œufs utilisés pour les recettes sont de calibre moyen.

• Sauf indication contraire, les cuillerées sont rases.
1 cuillerée à café = 0,5 cl
1 cuillerée à soupe = 1,5 cl

• Toutes les recettes réalisées avec des légumes en conserve peuvent, bien sûr, se cuisiner avec des légumes frais, et inversement. De la même manière, il est possible d'utiliser des cubes pour les bouillons de légumes ou de volaille ou de les préparer vous-même, si vous en avez le temps.

TABLEAU INDICATIF DE CUISSON

THERMOSTAT	TEMPÉRATURE
1	30 °C
2	60 °C
3	90 °C
4	120 °C
5	150 °C
6	180 °C
7	210 °C
8	240 °C
9	270 °C
10	300 °C

Ces indications sont valables pour un four électrique traditionnel.
Pour les autres fours, reportez-vous à la notice du fabricant.

TABLEAUX DES ÉQUIVALENCES FRANCE – CANADA

POIDS

55 g	2 onces
100 g	3,5 onces
150 g	5 onces
200 g	7 onces
250 g	9 onces
300 g	11 onces
500 g	18 onces
750 g	27 onces
1 kg	36 onces

Ces équivalences permettent de calculer le poids
à quelques grammes près (en réalité, 1 once = 28 g)

CAPACITÉS

25 cl	9 onces
50 cl	17 onces
75 cl	26 onces
1 l	35 onces

Pour faciliter la mesure des capacités,
25 cl équivalent ici à 9 onces (en réalité, 23 cl = 8 onces = 1 tasse)

Ce hamburger étonnamment léger vous permet de consommer les cinq portions quotidiennes de fruits et de légumes recommandées…

Hamburgers
aux légumes

Pour 4 personnes
Préparation et cuisson : 20 min

- 4 petits pains ronds à hamburger
- sel et poivre du moulin

POUR LES STEAKS AUX LÉGUMES
- 50 g de carottes
- 1 petit oignon
- 300 g de bœuf haché maigre
- 50 g de miettes de pain complet
- 1 petite poignée de persil haché
- 1 cuill. à café de Worcestershire sauce

POUR SERVIR
- feuilles de salade
- sauce salsa

1   Préchauffez le gril du four à température moyenne. Râpez les carottes et émincez finement l'oignon. Dans un saladier, mélangez les ingrédients des steaks. Salez et poivrez. Façonnez quatre steaks hachés et posez-les sur une plaque de cuisson.

2   Faites griller les steaks pendant 3 ou 4 minutes de chaque côté, jusqu'à ce qu'ils soient cuits, puis gardez-les au chaud.

3   Coupez ensuite chaque petit pain en deux et faites-les dorer sous le gril pendant 1 minute, face tranchée vers le haut. Disposez quelques feuilles de salade sur la base de chaque petit pain, posez dessus un steak haché, nappez avec une bonne cuillerée de sauce salsa et couvrez avec la seconde moitié du petit pain.

• Par portion : 313 Calories – Protéines : 24 g – Glucides : 35 g – Lipides : 10 g (dont 4 g de graisses saturées) – Fibres : 3 g – Sucres ajoutés : 5 g – Sel : 1,99 g.

Avec du lait fermenté, votre purée sera tout aussi crémeuse et savoureuse mais nettement moins riche en graisses saturées! Cette recette a par ailleurs une faible teneur en sel.

Hachis Parmentier

Pour 4 personnes
Préparation et cuisson : 1 h 15

- 1 tranche de bacon ou de poitrine fumée
- 1 oignon
- 1 gousse d'ail
- 100 g de champignons de Paris
- 1 cuill. à soupe d'huile d'olive
- 500 g de bœuf haché maigre
- 3 brins de thym frais
- 15 cl de vin rouge
- 25 cl de bouillon de bœuf
- 1 cuill. à soupe de farine

POUR LA PURÉE
- 750 g de pommes de terre
- 2 oignons nouveaux
- 10 cl de lait écrémé

1 Détaillez le bacon en dés, hachez l'oignon et l'ail puis émincez les champignons. Chauffez l'huile dans une poêle antiadhésive puis faites revenir la viande en la retournant régulièrement. Réservez. Faites sauter le bacon, l'oignon, l'ail et les champignons dans la poêle pendant 5 minutes.

2 Ajoutez la viande et le thym et mouillez avec le vin et le bouillon. Portez à ébullition, puis laissez frémir pendant 30 minutes. Diluez la farine dans un peu d'eau froide et incorporez-la à la sauce. Quand elle a épaissi, versez-la dans un plat à gratin. Préchauffez le four à 220 °C (therm. 7-8).

3 Préparez la purée. Coupez les pommes de terre en quatre et émincez les oignons. Faites cuire les pommes de terre pendant 15 minutes dans une grande casserole d'eau frémissante. Égouttez-les, puis écrasez-les à la fourchette avec le lait fermenté en incorporant la moitié des oignons nouveaux.

4 Étalez la purée sur la viande. Enfournez pour 15 minutes jusqu'à ce que le gratin soit légèrement doré. Servez parsemé des oignons restants.

• Par portion : 390 Calories – Protéines : 36 g – Glucides : 40 g – Lipides : 11 g (dont 3 g de graisses saturées) – Fibres : 3 g – Sucres ajoutés : 5 g – Sel : 0,8 g.

Comme en atteste cette recette à faible teneur en lipides,
un curry ne doit pas forcément être gras pour être savoureux.

Curry de poulet
aux herbes

Pour 6 personnes
Préparation et cuisson : 50 min

- 1 oignon
- 3 cuill. à soupe d'huile de tournesol
- 6 cuisses de poulet sans la peau
- 6 gousses de cardamome
- 5 feuilles de laurier
- 2 bâtons de cannelle
- 20 g de coriandre fraîche
- 25 cl de yaourt à la grecque
- 4 cuill. à soupe de pâte de curry *korma*
- 85 g de raisins secs

POUR SERVIR
- *naan* (pains indiens)
- chutney à la mangue (facultatif)

1   Préchauffez le four à 180 °C (therm. 6). Hachez l'oignon. Faites chauffer 1 cuillerée à soupe d'huile dans une grande cocotte. Ajoutez les cuisses de poulet et saisissez-les pendant 7 à 10 minutes, jusqu'à ce qu'elles soient bien dorées. Réservez.

2   Pilez légèrement les gousses de cardamome. Faites revenir l'oignon, le laurier et les épices dans le reste d'huile pendant 5 minutes environ, puis retirez la cocotte du feu et incorporez le poulet.

3   Hachez la coriandre puis mélangez-la avec le yaourt, la pâte de curry et les raisins. Versez cette sauce sur le poulet et remuez bien. Couvrez et enfournez pour 30 minutes, jusqu'à ce que la viande se détache facilement des os. Servez avec des naan et du chutney à la mangue, si vous le souhaitez.

• Par portion : 217 Calories – Protéines : 23 g – Glucides : 13 g – Lipides : 9 g (dont 3 g de graisses saturées) – Fibres : 1 g – Sucres ajoutés : 12 g – Sel : 0,68 g.

Pour cette recette, vous pouvez aussi remplacer la pomme
par un gros oignon.

Petits flans à la saucisse

Pour 4 personnes
Préparation et cuisson : 40 min

- 1 cuill. à soupe d'huile de tournesol
- 4 petites saucisses maigres
- 50 g de farine
- 15 cl de lait écrémé
- 1 œuf
- 2 cuill. à café de moutarde
à l'ancienne
- 1 pomme
- sel et poivre du moulin

POUR SERVIR
- purée de pommes de terre
ou petits pois (facultatif)

1   Préchauffez le four à 240 °C (therm. 8).
Badigeonnez d'huile un moule à muffins allant
sur le feu, puis posez une saucisse dans chacune
des quatre alvéoles. Saisissez les saucisses à feu
vif dans le moule pendant 5 minutes, jusqu'à
ce qu'elles soient bien dorées.

2   Versez la farine dans un saladier, salez,
poivrez, puis creusez un puits au centre.
Fouettez le lait avec l'œuf et la moutarde,
puis versez un tiers de ce liquide dans le puits.
Incorporez progressivement la farine pour former
une pâte épaisse et collante, puis ajoutez peu
à peu le reste de lait battu avec l'œuf et la moutarde
en fouettant de façon à obtenir une pâte fluide
et sans grumeaux.

3   Pelez, évidez et coupez la pomme en lamelles.
Sans retirer le moule du feu, coupez chaque
saucisse en deux. Répartissez les lamelles
de pomme dans les quatre alvéoles, puis
complétez avec la pâte. Retirez du feu et enfournez
pour 20 minutes, jusqu'à ce que les flans lèvent
et soient bien dorés. Servez éventuellement avec
une purée de pommes de terre ou des petits pois.

• Par flan : 221 Calories – Protéines : 12 g –
Glucides : 20 g – Lipides : 11 g (dont 3 g de graisses
saturées) – Fibres : 2 g – Sucres ajoutés : 7 g – Sel : 1,43 g.

Pour alléger votre sauce bolognaise, achetez du bœuf haché maigre.
Voici dans cet esprit une version savoureuse, à faible teneur en lipides.

Pâtes à la sauce bolognaise

Pour 4 personnes

Préparation et cuisson : 30 min

- 500 g de bœuf maigre haché
- quelques champignons
- 2 gousses d'ail
- 3 cuill. à soupe de coulis de tomates
- 400 g de tomates concassées en conserve
- 1 cuill. à café d'herbes séchées mélangées
- 1 verre de vin rouge ou 15 cl de bouillon de bœuf
- 400 g de penne
- sel et poivre du moulin

POUR SERVIR

- quelques feuilles de basilic frais

1 Saisissez le bœuf haché dans une grande poêle antiadhésive pendant 5 minutes, sans ajouter de matières grasses. Émincez les champignons puis faites-les revenir pendant 3 minutes, jusqu'à ce qu'ils soient tendres. Pilez l'ail puis incorporez-le avec le coulis et prolongez la cuisson de 2 minutes. Ajoutez les tomates, les herbes, mouillez avec le vin ou le bouillon, salez et poivrez. Portez à ébullition, puis laissez frémir pendant 10 minutes.

2 Pendant que la sauce mijote, faites cuire les penne selon les instructions figurant sur le paquet. Égouttez-les, puis servez-les nappées de sauce et parsemées de basilic frais.

- Par portion : 574 Calories – Protéines : 41 g – Glucides : 81 g – Lipides : 11 g (dont 3 g de graisses saturées) – Fibres : 4 g – Sucres ajoutés : 6 g – Sel : 0,56 g.

Moins grasse que le célèbre fish and chips anglais,
cette variante est riche en fibres, en acide folique et en vitamine C.

Poisson pané, frites
et purée de petits pois

Pour 2 personnes
Préparation et cuisson : 50 min

- 400 g de pommes de terre pour purée
  (bintje, par exemple)
- 2 cuill. à café d'huile d'olive
- 2 tranches de pain de mie
- 1 cuill. à soupe de farine
  salée et poivrée
- 2 filets de poisson blanc
- 1 œuf
- 140 g de petits pois surgelés
- 2 cuill. à soupe de crème
  fraîche allégée
- un peu de menthe surgelée
- sel et poivre du moulin

1   Préchauffez le four à 200 °C (therm. 6-7).
Épluchez les pommes de terre, coupez-les
en grosses frites, arrosez-les d'huile d'olive,
salez légèrement et mélangez bien. Disposez-les
sur une grande plaque de cuisson antiadhésive
et faites-les rôtir pendant 20 minutes,
en les retournant à mi-cuisson.

2   Faites griller légèrement le pain de mie,
puis mixez-le brièvement dans un robot de façon
à obtenir de grosses miettes. Farinez les filets
de poisson, en les secouant pour éliminer l'excédent
de farine, puis plongez-les successivement
dans l'œuf battu et dans les miettes de pain grillé.
Enfournez le poisson avec les frites pendant
20 minutes, jusqu'à ce que l'ensemble soit
bien doré.

3   Faites blanchir les petits pois pendant
3 ou 4 minutes, puis égouttez-les et écrasez-les
à la fourchette. Incorporez la crème fraîche
et la menthe, salez et poivrez.

• Par portion : 484 Calories – Protéines : 42 g –
Glucides : 58 g – Lipides : 11 g (dont 3 g de graisses
saturées) – Fibres : 6 g – Sucres ajoutés : 4 g – Sel : 1,09 g.

La sauce au yaourt qui accompagne ces brochettes
est une excellente source de calcium.

Brochettes d'agneau à la menthe

Pour 2 personnes

Préparation et cuisson : 30 min

- 300 g d'agneau maigre
- 1/2 oignon
- 1 yaourt nature (15 cl)
- 1 ½ cuill. à soupe de sauce à la menthe
- 1 cuill. à café de cumin en poudre

POUR SERVIR
- 2 pains pitas
- 2 poignées de laitue

1   Préchauffez le gril du four à température moyenne. Coupez l'agneau en dés et l'oignon en gros morceaux. Dans un saladier, mélangez le yaourt avec la sauce à la menthe, puis divisez la préparation en deux. Incorporez le cumin dans l'une des portions de yaourt, puis ajoutez les morceaux d'agneau et remuez jusqu'à ce que la viande soit bien enrobée de sauce.

2   Glissez l'agneau sur quatre piques métalliques, en alternant les dés d'agneau et l'oignon, puis disposez les brochettes sur la grille du four placée sur une lèchefrite. Faites griller les brochettes pendant 3 ou 4 minutes de chaque côté, jusqu'à ce que l'agneau soit cuit et l'oignon légèrement doré.

3   Faites chauffer les pains pitas pendant 1 ou 2 minutes dans un grille-pain, puis fendez-les en deux. Fourrez les pitas avec la viande, l'oignon et un peu de laitue, nappez avec le reste de yaourt à la menthe et servez.

• Par portion : 538 Calories – Protéines : 43 g – Glucides : 62 g – Lipides : 15 g (dont 7 g de graisses saturées) – Fibres : 3 g – Sucres ajoutés : 11 g – Sel : 1,68 g.

Les épices se marient naturellement bien avec le haddock.
Servie avec du pain croustillant, cette soupe légère mais crémeuse
constitue un excellent plat principal.

Soupe de haddock au cumin

Pour 4 personnes
Préparation et cuisson : 35 min

- quelques grains de poivre noir
- 1 feuille de laurier
- 400 g de filets de haddock
- 50 cl de lait demi-écrémé
- 70 cl de bouillon de poisson, de légumes ou de volaille
- 4 poireaux
- 25 g de beurre
- 1/2 cuill. à café de graines de cumin
- 4 pommes de terre de taille moyenne

1 Mettez les grains de poivre et le laurier dans une sauteuse, ajoutez le poisson, côté peau vers le bas, puis couvrez avec le lait et le bouillon. Portez quasiment à ébullition, puis laissez pocher le poisson pendant 5 à 8 minutes, jusqu'à ce qu'il commence à s'émietter dans sa partie la plus épaisse. Retirez délicatement le poisson de la sauteuse et réservez.

2 Pendant ce temps, coupez les poireaux en fines rondelles. Faites chauffer le beurre dans un faitout puis ajoutez les rondelles de poireau et faites-les cuire pendant 10 minutes sans les laisser roussir. Quand il a ramolli, augmentez le feu et incorporez les graines de cumin. Faites-les revenir jusqu'à ce qu'elles grésillent.

3 Coupez les pommes de terre en morceaux, puis incorporez-les dans le faitout. Mouillez avec le bouillon et laissez mijoter le tout pendant 20 minutes, jusqu'à ce que les pommes de terre soient tendres. Émiettez le poisson juste avant de servir puis incorporez-le à la soupe.

• Par portion : 314 Calories – Protéines : 28 g – Glucides : 32 g – Lipides : 9 g (dont 5 g de graisses saturées) – Fibres : 5 g – Sucres ajoutés : 10 g – Sel : 2,14 g.

Si vous appréciez la cuisine chinoise, optez sans complexe pour cette recette légère accommodant du poulet et des légumes riches en vitamine C.

Poulet à la chinoise

Pour 4 personnes
Préparation et cuisson : 30 min
Marinade : 15 min

- 4 filets de poulet sans la peau
- 1 blanc d'œuf
- 1 cuill. à soupe de fécule de maïs + 1 cuill. à café
- 1 ou 2 cuill. à soupe d'huile végétale
- 1 cuill. à soupe de sauce nuoc-mâm (à base de poisson)
- le jus de 1 citron vert
- 5 cl d'eau
- 1 morceau de gingembre de 3 cm
- 1 poivron rouge
- 1 échalote
- 1 gousse d'ail
- 1 piment rouge (facultatif)
- quelques feuilles de basilic frais

POUR SERVIR
- riz blanc

1 Coupez le poulet en lamelles. Battez le blanc d'œuf avec 1 cuillerée à soupe de fécule de maïs, incorporez le poulet et mélangez bien l'ensemble. Laissez mariner pendant 15 minutes à température ambiante.

2 Retirez le poulet de la marinade et séchez-le avec du papier absorbant. Faites chauffer un wok puis versez-y 1 cuillerée à soupe d'huile. Faites revenir le poulet pendant 5 à 7 minutes en remuant jusqu'à ce qu'il soit à peine cuit. Réservez. Pendant ce temps, mélangez la sauce nuoc-mâm avec le jus de citron vert, l'eau et 1 cuillerée à café de fécule de maïs.

3 Râpez le gingembre. Épépinez le poivron, puis détaillez-le en gros morceaux. Émincez l'échalote, l'ail et éventuellement le piment. Versez, si nécessaire, un peu d'huile dans le wok, faites-y sauter le poivron pendant 1 minute, puis ajoutez le gingembre, l'échalote, l'ail et le piment. Faites revenir le tout pendant 1 ou 2 minutes. Versez le mélange à base de sauce nuoc-mâm dans le wok, puis ajoutez le poulet et réchauffez-le. Incorporez le basilic et servez avec le riz blanc.

• Par portion : 501 Calories – Protéines : 42 g – Glucides : 76 g – Lipides : 5 g (dont 1 g de graisses saturées) – Fibres : 2 g – Sucres ajoutés : 3 g – Sel : 1,02 g.

Le porc maigre, ayant une teneur peu élevée
en graisses saturées, est un aliment sain et léger.

Escalopes de porc croustillantes

Pour 4 personnes
Préparation et cuisson : 30 min

- 4 escalopes de porc dans le filet mignon, parées
- 2 tranches de pain de mie
- une poignée de feuilles de sauge fraîches
- 25 g de parmesan
- 1 œuf
- 1 cuill. à soupe d'huile
- sel et poivre du moulin

POUR LA SALADE DE CHOU
- 1/2 chou blanc
- 2 pommes rouges
- 4 cuill. à soupe de lait fermenté ou de yaourt nature maigre

POUR SERVIR
- quartiers de citron (facultatif)

1 Placez les escalopes de porc entre deux feuilles de papier sulfurisé et aplatissez-les avec un rouleau à pâtisserie jusqu'à ce qu'elles fassent à peu près 1 cm d'épaisseur. Émiettez le pain à l'aide d'un robot, puis ajoutez la sauge et mixez encore de façon à hacher les feuilles. Râpez le parmesan, incorporez-le à la préparation, étalez l'ensemble sur une assiette et poivrez.

2 Plongez les escalopes de porc l'une après l'autre dans l'œuf battu, laissez l'excédent s'égoutter, puis couvrez la viande de panure en pressant bien d'un côté, puis de l'autre. Réservez. Faites chauffer l'huile dans une grande poêle antiadhésive et faites cuire les escalopes 3 ou 4 minutes de chaque côté, jusqu'à ce qu'elles soient dorées.

3 Pendant ce temps, préparez la salade de chou. Retirez le cœur du chou et coupez-le avec les pommes en fines lamelles. Mélangez le chou avec le lait fermenté et les pommes, salez et poivrez. Servez les escalopes panées accompagnées de cette salade de chou, et éventuellement de quartiers de citron.

• Par portion : 380 Calories – Protéines : 47 g – Glucides : 21 g – Lipides : 13 g (dont 4 g de graisses saturées) – Fibres : 3 g – Sucres ajoutés : 12 g – Sel : 0,7 g.

Vous pouvez vous passer de lait et de crème de coco pour cette recette :
les amandes en poudre suffisent pour rendre la sauce onctueuse...
Vous obtenez ainsi un curry savoureux et peu gras !

Crevettes korma

Pour 4 personnes

Préparation et cuisson : 15 min
+ temps de décongélation

- 400 g de crevettes crues décortiquées et surgelées
- 1 oignon
- 1 cuill. à soupe d'huile de tournesol
- 2 cuill. à soupe de pâte de curry *korma* (curry doux)
- 3 cuill. à soupe d'amandes en poudre
- 15 cl d'eau
- une poignée de feuilles de coriandre fraîche

POUR SERVIR
- riz blanc (facultatif)

1   Laissez décongeler les crevettes. Hachez l'oignon.

2   Faites chauffer l'huile dans une poêle et mettez l'oignon à revenir pendant 5 minutes, jusqu'à ce qu'il commence à dorer. Ajoutez les crevettes et mélangez rapidement jusqu'à ce qu'elles soient d'un rose uniforme.

3   Incorporez la pâte de curry et les amandes en poudre puis mouillez avec l'eau. Portez à ébullition, puis laissez mijoter pendant 2 ou 3 minutes, jusqu'à ce que la sauce ait légèrement épaissi. Parsemez de coriandre hachée et servez éventuellement avec du riz blanc.

• Par portion : 188 Calories – Protéines : 21 g – Glucides : 4 g – Lipides : 10 g (dont 1 g de graisses saturées) – Fibres : 1 g – Sucres ajoutés : 2 g – Sel : 0,8 g.

Un plat unique léger mais plein de saveurs qui vous apporte l'une de vos cinq portions quotidiennes de fruits et de légumes recommandées. À servir avec une salade verte.

Tajine de poulet

Pour 4 personnes
Préparation et cuisson : 50 min

- 8 cuisses de poulet sans la peau
- 400 g de carottes
- 1 oignon
- 2 cuill. à soupe d'huile d'olive
- 2 cuill. à café de gingembre fraîchement râpé
- 15 cl d'eau
- 1 pincée de safran ou de curcuma
- 1 cuill. à soupe de miel liquide
- un petit bouquet de persil
- sel et poivre du moulin

POUR SERVIR
- quartiers de citron

1   Si les cuisses de poulet sont grosses, coupez-les en deux. Détaillez les carottes en bâtonnets et hachez l'oignon. Faites chauffer l'huile dans une grosse cocotte, puis saisissez le poulet à découvert jusqu'à ce qu'il commence à dorer. Ajoutez l'oignon et le gingembre et faites revenir le tout pendant 2 minutes. Versez l'eau, puis incorporez le safran, le miel et les carottes. Salez, poivrez et mélangez bien l'ensemble.

2   Portez à ébullition, puis couvrez hermétiquement et laissez mijoter pendant 30 minutes, jusqu'à ce que la viande soit tendre. Retirez le couvercle et augmentez le feu pendant 5 minutes environ pour que la sauce réduise un peu. Parsemez de persil grossièrement haché et servez avec des quartiers de citron.

• Par portion : 304 Calories – Protéines : 39 g – Glucides : 14 g – Lipides : 11 g (dont 3 g de graisses saturées) – Fibres : 3 g – Sucres ajoutés : 12 g – Sel : 0, 48 g.

Surprenez vos amis avec ce classique thaï savoureux
et très pauvre en graisses!

Pad thaï

Pour 4 personnes
Préparation et cuisson : 20 min

- 250 g de nouilles de riz
- 2 cuill. à café de pâte de tamarin
  (dans les épiceries asiatiques)
- 3 cuill. à soupe de sauce nuoc-mâm
  (à base de poisson)
- 2 cuill. à café de sucre
- 1 gousse d'ail
- 3 oignons nouveaux
- 2 cuill. à soupe d'huile végétale
- 1 œuf
- 200 g de grosses crevettes cuites
- 75 g de germes de soja

POUR SERVIR
- une poignée de cacahuètes salées
- quartiers de citron vert

1 Mettez les nouilles dans un saladier, couvrez-les d'eau bouillante, laissez-les gonfler pendant 5 à 10 minutes, puis égouttez-les bien. Mélangez la pâte de tamarin, la sauce nuoc-mâm et le sucre.

2 Hachez l'ail et émincez les oignons. Faites chauffer un wok ou une grande poêle à feu vif, ajoutez l'huile, l'ail et les oignons nouveaux puis faites-les sauter pendant 30 secondes, jusqu'à ce qu'ils deviennent translucides.

3 Repoussez les légumes vers les côtés du wok, puis cassez l'œuf au centre. Mélangez l'œuf pendant 30 secondes jusqu'à ce qu'il commence à prendre à la façon d'un œuf brouillé.

4 Incorporez les crevettes et les germes de soja, puis les nouilles. Versez ensuite la sauce à base de nuoc-mâm, mélangez bien et réchauffez le tout. Hachez les cacahuètes puis parsemez-en le plat. Servez avec des quartiers de citron vert.

• Par portion : 359 Calories – Protéines : 19 g – Glucides : 57 g – Lipides : 8 g (dont 1 g de graisses saturées) – Fibres : 1 g – Sucres ajoutés : 5 g – Sel : 3,17 g.

C'est incroyable les petits plats que l'on peut concocter
à partir de quelques ingrédients de base !

Pommes de terre rôties aux œufs

Pour 4 personnes
Préparation et cuisson : 40 min

- 500 g de pommes de terre
- 2 échalotes
- 1 cuill. à soupe d'huile d'olive
- 2 cuill. à café d'origan séché
ou 1 cuill. à café de feuilles fraîches
- 200 g de champignons de Paris
- 4 œufs

1 Préchauffez le four à 200 °C (therm. 6-7). Coupez les pommes de terre en dés et émincez les échalotes. Mettez le tout dans un plat antiadhésif allant au four, arrosez d'huile d'olive, parsemez d'origan, puis mélangez bien l'ensemble. Enfournez pour 15 minutes, puis ajoutez les champignons et prolongez la cuisson de 10 minutes, jusqu'à ce que les pommes de terre soient tendres et dorées.

2 Aménagez quatre espaces au milieu des pommes de terre et cassez un œuf dans chacun d'eux. Remettez le plat au four pour 3 ou 4 minutes, jusqu'à ce que les œufs soient cuits à votre convenance.

• Par portion : 218 Calories – Protéines : 11 g – Glucides : 22 g – Lipides : 10 g (dont 2 g de graisses saturées) – Fibres : 2 g – Sucres ajoutés : 1 g – Sel : 0,24 g.

Consommez les cinq portions quotidiennes de fruits et de légumes recommandées en savourant ces délicieuses lasagnes aux épinards et à la ricotta!

Lasagnes aux cinq légumes

Pour 4 personnes
Préparation et cuisson : 1 h
+ temps de décongélation

- 1 grosse aubergine
- 350 g de champignons de Paris
- 4 poivrons rouges grillés
- 4 cuill. à soupe d'huile d'olive
- 700 g de coulis de tomates aux oignons et à l'ail
- 8 à 10 feuilles de lasagne
- 400 g d'épinards surgelés, décongelés
- 250 g de ricotta
- 25 g de parmesan râpé
- 25 g de pignons

POUR SERVIR
- salade verte (facultatif)

1 Préchauffez le four à 180 °C (therm. 6). Coupez l'aubergine en dés, hachez les champignons et les poivrons. Faites chauffer 2 cuillerées à soupe d'huile dans une poêle antiadhésive et faites revenir l'aubergine jusqu'à ce qu'elle soit tendre. Réservez. Faites dorer les champignons dans le reste d'huile pendant quelques minutes, puis mélangez-les avec l'aubergine et ajoutez les poivrons.

2 Mettez la moitié de ces légumes dans un plat allant au four de 20 x 30 cm, nappez avec la moitié du coulis et couvrez avec des feuilles de lasagne. Étalez le reste de légumes sur les pâtes, nappez de coulis, puis couvrez à nouveau avec des lasagnes. Égouttez bien les épinards, puis mélangez-les avec la ricotta et la moitié du parmesan puis étalez cette préparation sur les feuilles de lasagne. Parsemez du reste de parmesan et de pignons, couvrez avec une feuille d'aluminium et enfournez pour 20 minutes. Retirez l'aluminium, puis prolongez la cuisson de 10 minutes, jusqu'à ce que les lasagnes soient bien dorées. Servez éventuellement avec de la salade verte.

• Par portion : 528 Calories – Protéines : 21 g – Glucides : 46 g – Lipides : 30 g (dont 8 g de graisses saturées) – Fibres : 9 g – Sucres ajoutés : 13 g – Sel : 2,11 g.

La sauce hoisin parfume agréablement les plats
sans ajouter de matière grasse.

Tortillas de poulet
à la sauce hoisin

Pour 2 personnes

Préparation et cuisson : 10 min

- 100 g de blanc de poulet
- 1/4 de concombre
- 2 oignons nouveaux
- 2 tortillas de blé
- 4 cuill. à café de sauce hoisin

1 Faites cuire le poulet puis émincez-le. Détaillez le concombre en bâtonnets fins puis émincez les oignons.

2 Faites chauffer les tortillas à sec dans une poêle préchauffée pendant quelques secondes ou bien au four à micro-ondes.

3 Étalez 2 cuillerées de sauce hoisin sur chacune des tortillas, puis répartissez le poulet et les oignons. Roulez ensuite les tortillas bien serrées et dégustez-les.

• Par portion : 222 Calories – Protéines : 19,4 g – Glucides : 27,2 g – Lipides : 4,7 g (dont 1,2 g de graisses saturées) – Fibres : 1,3 g – Sucres ajoutés : 5,2 g – Sel : 1,68 g.

Nettement plus subtile que le poulet à la Kiev classique,
cette recette est également moins grasse.

Poulet à la Kiev

Pour 4 personnes
Préparation et cuisson : 25 min

- 4 filets de poulet sans la peau
- 25 g de beurre à l'ail ramolli
- 25 g de chapelure
- sel et poivre du moulin

POUR SERVIR (facultatif)
- pommes de terre nouvelles
- fèves ou petits pois

1 Mettez le poulet sur une plaque de cuisson, tartinez les filets avec un peu de beurre à l'ail, salez et poivrez. Enfournez sous le gril à température moyenne pour 15 minutes, en retournant la viande une fois à mi-cuisson.

2 Mélangez le reste de beurre à l'ail avec la chapelure. Retirez le poulet du four et étalez sur chaque filet une couche de cette préparation. Glissez à nouveau sous le gril pendant 3 à 5 minutes, jusqu'à ce que la panure soit bien dorée. Servez ce poulet avec son jus, accompagné éventuellement de pommes de terre nouvelles et de fèves ou de petits pois.

• Par portion : 218 Calories – Protéines : 34 g – Glucides : 5 g – Lipides : 7 g (dont 4 g de graisses saturées) – Pas de fibres – Pas de sucres ajoutés – Sel : 0,37 g.

Il suffit ici d'incorporer le porc pas tout à fait cuit
à la sauce quelques minutes avant de servir
pour que la viande soit cuite mais encore tendre.

Porc à l'aigre-douce

Pour 4 personnes
Préparation et cuisson : 30 min

- 400 g de filet mignon
- 2 cuill. à soupe d'huile végétale
- 1 oignon
- 200 g de morceaux d'ananas au sirop en conserve
- 1 cuill. à soupe de ketchup
- 200 g de tomates pelées en conserve
- 15 cl de bouillon de volaille
- 1 bâton de cannelle
- 1 cuill. à café de fécule de maïs

POUR SERVIR
- riz blanc (facultatif)

1   Coupez le filet mignon en fines tranches. Faites chauffer 1 cuillerée à soupe d'huile dans une grande sauteuse et faites revenir le porc pendant 5 minutes jusqu'à ce qu'il soit légèrement doré, mais pas complètement cuit. Retirez la viande de la poêle et réservez.

2   Détaillez l'oignon en morceaux. Faites chauffer 1 autre cuillerée à soupe d'huile et faites blondir l'oignon pendant 5 minutes. Ajoutez l'ananas égoutté avec 3 cuillerées à soupe de sirop, le ketchup, les tomates, le bouillon et la cannelle. Portez à ébullition, puis laissez frémir pendant 10 minutes, jusqu'à ce que la sauce ait légèrement épaissi.

3   Ajoutez le porc et prolongez la cuisson de 4 minutes. Diluez la fécule de maïs dans un peu d'eau froide, incorporez-la à la sauce et remuez jusqu'à ce qu'elle ait épaissi. Servez éventuellement avec du riz blanc.

- Par portion : 213 Calories – Protéines : 23 g – Glucides : 13 g – Lipides : 8 g (dont 3 g de graisses saturées) – Fibres : 1 g – Sucres ajoutés : 11 g – Sel : 0,52 g.

Le riz arborio est tellement crémeux qu'il est inutile
d'ajouter des matières grasses. Quant à la courge,
elle est source de vitamine C !

Risotto à la courge

Pour 4 personnes
Préparation et cuisson : 25 min

• 250 g de riz *arborio*
• 70 cl de bouillon de légumes chaud
• 1 courge de taille moyenne
(à défaut, 1 potimarron)
• 1 grosse poignée de parmesan râpé
• 1 poignée de feuilles de sauge
fraîches

1   Versez le riz dans un saladier et mouillez
avec 50 cl de bouillon chaud. Couvrez avec du film
alimentaire et faites cuire au four à micro-ondes
à puissance maximale pendant 5 minutes. Pelez
la courge, égrainez-la et coupez-la en morceaux.
Égrainez le riz à la fourchette, puis incorporez
la courge et le reste de bouillon.

2   Couvrez à nouveau le plat avec le film
alimentaire, remettez au four à micro-ondes
pour 15 minutes en remuant à mi-cuisson, jusqu'à
ce que presque tout le bouillon ait été absorbé
et que le riz et la courge soient tendres.

3   Laissez reposer le risotto pendant 2 minutes,
hachez grossièrement la sauge puis incorporez-la
à la préparation avec une partie du parmesan.
Servez parsemé du reste de parmesan râpé.

• Par portion : 313 Calories – Protéines : 10 g –
Glucides : 66 g – Lipides : 3 g (dont 1 g de graisses
saturées) – Fibres : 4 g – Sucres ajoutés : 9 g – Sel : 1,04 g.

La légère croûte de parmesan parfume délicieusement le poulet dans ce plat qui regorge de vitamine C.

Poulet aux légumes de printemps

Pour 4 personnes
Préparation et cuisson : 25 min

- 1 blanc d'œuf
- 5 cuill. à soupe de parmesan finement râpé
- 4 blancs de poulet sans la peau
- 400 g de pommes de terre nouvelles
- 150 g de petits pois surgelés
- une bonne poignée de pousses d'épinards
- 2 cuill. à soupe d'huile d'olive
- 1 cuill. à soupe de vinaigre de vin blanc
- sel et poivre du moulin

1 Préchauffez le gril du four à température moyenne et tapissez la lèchefrite d'une feuille d'aluminium. Battez le blanc d'œuf dans une assiette creuse, salez et poivrez. Versez le parmesan sur une assiette. Plongez successivement les blancs de poulet dans l'œuf battu, puis roulez-les dans le parmesan, et faites-les griller de 10 à 12 minutes, jusqu'à ce qu'ils soient dorés et croustillants, en les retournant une fois à mi-cuisson.

2 Pendant ce temps, coupez les pommes de terre en dés et faites-les bouillir pendant 10 minutes, en ajoutant les petits pois avant les 3 dernières minutes. Égouttez ces légumes, puis mélangez-les avec les pousses d'épinards, l'huile et le vinaigre. Salez et poivrez à votre convenance et servez cette salade avec le poulet.

• Par portion : 339 Calories – Protéines : 42 g – Glucides : 20 g – Lipides : 11 g (dont 3 g de graisses saturées) – Fibres : 3 g – Sucres ajoutés : 3 g – Sel : 0,53 g.

Ce plat est pauvre en sel et apporte des oméga-3.

Maquereau aux épices et à la betterave rouge

Pour 4 personnes
Préparation et cuisson : 50 min

- 4 filets de maquereau
- 1 cuill. à café de curry en poudre
- huile d'olive
- 4 tranches de pain de campagne
- sel et poivre du moulin

POUR LA SALADE DE BETTERAVES
- 250 g de betteraves rouges
- 1 pomme
- 1 oignon rouge
- le jus de 1/2 citron
- 1 cuill. à soupe d'huile d'olive
- 1 cuill. à café de graines de cumin
- 1 petit bouquet de coriandre

1   Préparez la salade. Faites cuire les betteraves puis coupez-les en dés. Évidez et coupez la pomme en fines lamelles puis émincez l'oignon. Mélangez le tout avec le jus de citron, l'huile, le cumin et les feuilles de coriandre grossièrement hachées, salez et poivrez généreusement, puis laissez macérer pendant que vous faites cuire les maquereaux.

2   Préchauffez le gril du four à haute température. Coupez les filets de maquereau en deux dans le sens de la largeur puis posez-les sur une grille tapissée d'aluminium. Saupoudrez de curry, arrosez d'un filet d'huile d'olive, salez, poivrez et frottez bien pour faire pénétrer l'huile et les épices dans le poisson. Faites griller les filets pendant 4 ou 5 minutes, jusqu'à ce que la peau soit croustillante et le poisson cuit à cœur. Inutile de les retourner.

3   Faites griller le pain sous le gril du four, arrosez-le d'un filet d'huile d'olive, puis garnissez les toasts de salade. Déposez les filets de maquereau puis arrosez avec le jus de cuisson sans attendre.

• Par portion : 471 Calories – Protéines : 25 g – Glucides : 35 g – Lipides : 27 g (dont 5 g de graisses saturées) – Fibres : 3 g – Sucres ajoutés : 11 g – Sel : 0,97 g.

Cette sauce aigre-douce très parfumée transforme le filet mignon en un plat original, qui reste cependant très léger.

Porc aux pommes et au sirop d'érable

Pour 4 personnes
Préparation et cuisson : 20 min

- 600 g de filet mignon
- 1 cuill. à soupe d'huile d'olive
- 2 pommes
- 1 gousse d'ail
- 2 cuill. à soupe de sirop d'érable
- 1 cuill. à soupe de vinaigre de vin blanc
- 3 cuill. à soupe d'eau
- 2 cuill. à soupe de moutarde à l'ancienne

POUR SERVIR
- riz blanc (facultatif)

1   Coupez le porc en tranches de 3 cm d'épaisseur. Faites chauffer l'huile dans une grande poêle à fond antiadhésif et faites dorer le porc des deux côtés pendant environ 5 minutes. Retirez de la poêle et réservez. Évidez et coupez les pommes en huit puis mettez-les dans la poêle et faites-les cuire 3 ou 4 minutes, jusqu'à ce qu'elles commencent à ramollir.

2   Pressez l'ail puis ajoutez-le dans la poêle avec le sirop d'érable, le vinaigre et l'eau. Portez à ébullition, puis incorporez la viande avec le jus de cuisson. Laissez mijoter pendant quelques minutes, jusqu'à ce que le porc soit cuit et la sauce épaisse. Incorporez enfin la moutarde et servez, si vous le souhaitez, avec du riz.

- Par portion : 303 Calories – Protéines : 34 g – Glucides : 13 g – Lipides : 13 g (dont 4 g de graisses saturées) – Fibres : 1 g – Sucres ajoutés : 12 g – Sel : 0,52 g.

À la différence de la plupart des recettes tex mex,
ces filets de poisson ont une faible teneur en graisses saturées et en sel.

Filets de poisson
tex mex

Pour 4 personnes
Préparation et cuisson : 15 min

- 4 filets de poisson blanc sans arêtes
d'environ 150 g chacun
- 2 cuill. à soupe de mélange
d'épices mexicaines
- 2 cuill. à soupe d'huile de tournesol
- une poignée de feuilles de coriandre
fraîche
- 200 g de guacamole

POUR SERVIR
- quartiers de citron vert

1 Roulez les filets de poisson dans les épices, puis réservez. Faites chauffer l'huile dans une poêle, puis faites frire le poisson pendant 3 ou 4 minutes de chaque côté, jusqu'à ce qu'il soit croustillant. Hachez les feuilles de coriandre grossièrement.

2 Déposez 1 cuillerée bombée de guacamole sur chaque filet, parsemez de coriandre et servez avec un quartier de citron vert.

• Par portion : 245 Calories – Protéines : 27 g – Glucides : 2 g – Lipides : 14 g (dont 2 g de graisses saturées) – Fibres : 1 g – Sucres ajoutés : 1 g – Sel : 0,54 g.

Vous devriez toujours avoir des lentilles en réserve, car c'est une excellente source de protéines que l'on peut accommoder de multiples façons.

Saumon à la vapeur aux lentilles

Pour 2 personnes
Préparation et cuisson : 20 min

- 2 poireaux
- 2 filets de saumon avec la peau d'environ 100 g chacun
- 400 g de lentilles vertes en conserve
- 4 cuill. à soupe de vinaigrette allégée
- 2 poignées de pousses d'épinards
- sel et poivre du moulin

1   Lavez et coupez les poireaux en cinq. Retirez la peau du saumon. Faites cuire les morceaux de poireaux à la vapeur pendant 10 minutes, puis posez le saumon dessus et prolongez la cuisson de 5 minutes, jusqu'à ce que le poisson soit cuit.

2   Pendant ce temps, égouttez les lentilles, rincez-les à l'eau chaude puis versez-les dans un saladier avec l'essentiel de la vinaigrette, salez et poivrez. Lorsque le saumon est cuit, retirez-le du panier vapeur et réservez-le. Incorporez les poireaux dans le saladier de lentilles avec les pousses d'épinards et mélangez bien l'ensemble. Répartissez la salade de lentilles sur deux assiettes, posez un filet de saumon sur chacune et arrosez avec le filet de vinaigrette restant.

- Par portion : 322 Calories – Protéines : 32 g – Glucides : 21 g – Lipides : 13 g (dont 2 g de graisses saturées) – Fibres : 7 g – Sucres ajoutés : 5 g – Sel : 2,02 g.

Voici un plat léger aux saveurs estivales avec une faible teneur en sel et en graisses saturées.

Poulet grillé au citron vert

Pour 4 personnes
Préparation et cuisson : 30 min
Marinade : 10 min

- 4 blancs de poulet avec la peau
- 1 cuill. à café de poivre noir en grains
- 1 morceau de gingembre de 3 cm
- 2 gousses d'ail
- 1 cuill. à soupe de sauce soja
- le zeste de 1 citron vert et le jus de 2 citrons verts

POUR SERVIR
- quartiers de citron vert

1 Incisez chacun des blancs de poulet en trois endroits, puis mettez-les dans un plat. Pilez grossièrement les grains de poivre dans un mortier. Râpez finement le gingembre, pressez l'ail et mélangez-les avec le poivre pilé, la sauce soja, ainsi que le zeste et le jus de citron vert. Mélangez bien le tout, puis versez cette sauce sur le poulet et laissez mariner pendant au moins 10 minutes, voire toute la nuit, au réfrigérateur.

2 Préchauffez le gril du four et faites griller le poulet pendant 6 à 8 minutes de chaque côté, jusqu'à ce qu'il soit cuit à cœur. Vous pouvez également faire griller votre poulet au barbecue : même temps de cuisson, mais attendez que la braise ne soit pas trop vive. Transférez sur un plat de service, puis arrosez avec le jus de cuisson. Servez avec des quartiers de citron vert.

- Par portion : 225 Calories – Protéines : 37 g – Glucides : 2 g – Lipides : 8 g (dont 2 g de graisses saturées) – Pas de fibres – Sucres ajoutés : 1 g – Sel : 0,87 g.

Relevez vos pâtes avec cette sauce simple et légère,
mais riche en saveurs, et qui vous apporte deux des cinq portions
quotidiennes de fruits et légumes recommandées.

Spaghettis aux champignons aillés

Pour 4 personnes
Préparation et cuisson : 30 min

- 250 g de champignons de Paris
- 1 gousse d'ail
- 2 cuill. à soupe d'huile d'olive
- 1 petit bouquet de persil
- 1/2 piment rouge
(ou du piment en poudre)
- 1 oignon
- 1 branche de céleri
- 400 g de tomates concassées
en conserve
- 300 g de spaghettis

1   Émincez les champignons et l'ail. Faites chauffer 1 cuillerée à soupe d'huile dans une poêle et faites revenir les champignons à feu vif pendant 3 minutes, jusqu'à ce qu'ils soient dorés. Ôtez les tiges du bouquet de persil puis ciselez les feuilles. Ajoutez l'ail dans la poêle, faites revenir pendant 1 minute, puis versez l'ensemble dans un saladier avec le persil et réservez.

2   Épépinez et hachez finement le piment. Émincez l'oignon et le céleri, puis faites-les blondir dans la poêle avec le reste d'huile pendant 5 minutes. Ajoutez les tomates, le piment et le sel puis portez à ébullition. Baissez le feu et laissez mijoter à découvert pendant une dizaine de minutes, jusqu'à ce que la sauce ait réduit.

3   Pendant ce temps, faites cuire les spaghettis. Égouttez-les, mélangez-les à la sauce, versez dessus les champignons cuisinés et servez.

• Par portion : 346 Calories – Protéines : 12 g – Glucides : 62 g – Lipides : 7 g (dont 1 g de graisses saturées) – Fibres : 5 g – Sucres ajoutés : 7 g – Sel : 0,35 g.

Une savoureuse recette légère
et prête en moins d'une demi-heure !

Escalopes de porc
au jus de clémentine

Pour 4 personnes
Préparation et cuisson : 25 min

- 200 g de champignons de Paris
- 2 cuill. à soupe d'huile de tournesol
- 4 escalopes de porc maigre
  d'environ 100 g chacune
- 2 cuill. à café de paprika
- 2 cuill. à soupe de gelée de cassis
- 5 cl de jus de clémentine
  (le jus de 2 clémentines environ)
- 1 cuill. à soupe de vinaigre
  de vin rouge

1 Émincez les champignons. Faites chauffer
1 cuillerée à soupe d'huile dans une poêle
et saisissez les escalopes de porc à feu vif
jusqu'à ce qu'elles soient dorées des deux côtés
(à ce stade, elles ne seront pas encore cuites
à cœur). Retirez les escalopes de la poêle,
puis versez-y l'huile restante et faites sauter
les champignons jusqu'à ce qu'ils aient ramolli.

2 Remettez la viande dans la poêle, saupoudrez
de paprika, puis incorporez la gelée de cassis,
le jus de clémentine et le vinaigre. Portez
à ébullition en remuant pour bien diluer la gelée,
puis laissez mijoter pendant 5 minutes environ,
en retournant le porc à mi-cuisson, jusqu'à ce que
la viande et les champignons soient tendres.

- Par portion : 207 Calories – Protéines : 24 g –
Glucides : 7 g – Lipides : 10 g (dont 2 g de graisses
saturées) – Fibres : 1 g – Sucres ajoutés : 6 g – Sel : 0,17 g.

La vapeur est l'un des modes de cuisson les plus sains qui soient. Voici une recette très parfumée avec moins de deux cents calories par portion.

Bar aux légumes à la vapeur

Pour 2 personnes
Préparation et cuisson : 20 min

- 1 piment vert ou rouge
- 1 cuill. à café de gingembre
- 300 g de chou vert
ou autre légume vert
- 2 filets de bar ou de poisson blanc
d'environ 100 g chacun
- 2 gousses d'ail
- 2 cuill. à café d'huile de tournesol
- 1 cuill. à café d'huile de sésame
- 2 cuill. à café de sauce soja
allégée en sel
- sel

1 Épépinez et hachez finement le piment. Émincez le gingembre et le chou. Parsemez le poisson de piment et de gingembre et salez-le légèrement. Faites cuire le chou à la vapeur pendant 5 minutes, puis posez les filets dessus et prolongez la cuisson de 5 minutes, jusqu'à ce qu'ils soient cuits.

2 Pendant ce temps, émincez l'ail, faites chauffer l'huile de tournesol et de sésame dans une petite poêle et faites-le revenir brièvement en remuant sans cesse jusqu'à ce qu'il soit légèrement doré. Dressez deux assiettes avec le chou et le poisson, versez 1 cuillerée de sauce soja sur chaque filet, puis arrosez avec l'huile aillée.

- Par portion : 188 Calories – Protéines : 23 g – Glucides : 8 g – Lipides : 8 g (dont 1 g de graisses saturées) – Fibres : 4 g – Sucres ajoutés : 7 g – Sel : 0,74 g.

La cuisson à couvert du riz et du poulet permet de conserver
tous les parfums de ce plat savoureux.

Pilaf de poulet au citron

Pour 4 personnes
Préparation et cuisson : 20 min

- 1 citron
- 1 petit bouquet de coriandre
- 4 blancs de poulet avec la peau
- 1 cuill. à soupe de curry en poudre
- 200 g de riz basmati
- 50 cl de bouillon de volaille
- 200 g de chou-fleur en petits bouquets
- 200 g de haricots verts surgelés
- sel et poivre du moulin

1 Coupez le citron en deux dans le sens de la longueur, puis en fines tranches. Séparez les tiges et les feuilles du bouquet de coriandre, puis hachez-les grossièrement. Faites chauffer une grande sauteuse, puis saisissez le poulet, côté peau vers le bas. Ajoutez le curry en poudre et le riz, faites revenir le tout pendant 1 minute, puis mouillez avec le bouillon.

2 Ajoutez le chou-fleur, les haricots, le citron, les tiges de coriandre et retournez le poulet côté peau vers le haut. Portez à ébullition, puis couvrez et laissez mijoter pendant 10 minutes, jusqu'à ce que le poulet soit cuit à cœur et le riz tendre. Salez et poivrez à votre convenance, parsemez de feuilles de coriandre et servez.

• Par portion : 360 Calories – Protéines : 41 g – Glucides : 45 g – Lipides : 3 g (dont 1 g de graisses saturées) – Fibres : 3 g – Sucres ajoutés : 3 g – Sel : 0,77 g.

Voici une recette parfaite pour un dîner d'hiver : pauvre en sel et en graisses, c'est aussi une bonne source de vitamine C.

Ragoût de bœuf à l'italienne

Pour 4 personnes
Préparation et cuisson : 30 min

- 1 oignon
- 1 gousse d'ail
- 300 g de bœuf
- 1 poivron jaune
- 1 brin de romarin frais
- 2 cuill. à soupe d'huile d'olive
- 400 g de tomates concassées en conserve
- 1 poignée d'olives noires

1 Émincez l'oignon et l'ail puis coupez le bœuf en tranches fines. Épépinez et émincez le poivron. Détachez les feuilles du brin de romarin et hachez-les. Faites chauffer l'huile dans une cocotte et saisissez-y le bœuf pendant 2 minutes. Retirez la viande et réservez-la. Faites revenir ensuite l'oignon et l'ail dans la cocotte pendant 5 minutes, puis ajoutez le poivron, les tomates, le romarin et portez à ébullition. Laissez ensuite mijoter pendant 15 minutes, jusqu'à ce que la sauce ait réduit.

2 Incorporez les morceaux de bœuf et les olives, prolongez la cuisson de 2 minutes et servez.

• Par portion : 225 Calories – Protéines : 25 g – Glucides : 7 g – Lipides : 11 g (dont 3 g de graisses saturées) – Fibres : 2 g – Sucres ajoutés : 6 g – Sel : 0,87 g.

Moyennant quelques ingrédients dénichés chez le traiteur ou au rayon Italie de votre supermarché, ces pâtes légères aux accents méditerranéens seront prêtes en un clin d'œil.

Pâtes aux artichauts et aux olives

Pour 4 personnes

Préparation et cuisson : 15 min

- 400 g de spaghettis
- le zeste et le jus de 1 citron
- 3 cuill. à soupe d'huile d'olive
- 50 g de parmesan frais râpé
- 100 g de cœurs d'artichauts
- 1 poignée d'olives noires
- 100 g de roquette
- sel et poivre du moulin

1   Faites cuire les pâtes dans une grande casserole d'eau bouillante salée.

2   Pendant qu'elles cuisent, mélangez le zeste et le jus de citron avec l'huile et le parmesan. Coupez les cœurs d'artichauts en morceaux.

3   Égouttez les pâtes en réservant 3 cuillerées à soupe de l'eau de cuisson. Remettez les spaghettis dans la casserole avec l'huile parfumée, l'eau de cuisson que vous avez réservée, les cœurs d'artichauts et les olives. Réchauffez le tout brièvement, salez et poivrez généreusement, incorporez la roquette et servez.

• Par portion : 528 Calories – Protéines : 18 g – Glucides : 76 g (dont 4 g de graisses saturées) – Fibres : 4 g – Sucres ajoutés : 4 g – Sel : 1,05 g.

Cette variante allégée et très parfumée du curry classique
est également délicieuse froide.

Poulet épicé
aux oignons rouges

Pour 2 personnes
Préparation et cuisson : 35 min

- 2 blancs de poulet sans la peau
d'environ 140 g chacun
- 1 cuill. à soupe d'huile de tournesol
- 2 cuill. à café de curry en poudre
- 1 oignon rouge
- 100 g de riz basmati
- 1 bâton de cannelle
- 1 pincée de safran
- 30 cl d'eau
- 1 cuill. à soupe de raisins secs
- 75 g de petits pois surgelés
- 1 cuill. à soupe de feuilles de menthe
et 1 de feuilles de coriandre fraîches
- 4 cuill. à soupe de yaourt
nature à 0 % de M. G.
- sel et poivre du moulin

1 Préchauffez le four à 190 °C (therm. 6-7).
Badigeonnez le poulet avec 1 cuillerée à café
d'huile, puis saupoudrez de curry en poudre.
Émincez l'oignon, puis mélangez-le avec le reste
d'huile. Étalez le poulet et les oignons en une seule
couche dans un plat allant au four et enfournez
pour 25 minutes, jusqu'à ce que la viande soit
cuite, en remuant à mi-cuisson.

2 Rincez le riz, puis mettez-le dans une casserole
avec la cannelle, le safran et l'eau. Salez à votre
convenance, puis portez à ébullition. Remuez
une fois, puis ajoutez les raisins secs et couvrez.
Laissez frémir de 10 à 12 minutes jusqu'à ce que
le riz soit tendre, en ajoutant les petits pois
à mi-cuisson. Dressez le riz sur deux assiettes,
déposez les filets de poulet dessus et parsemez
d'oignon. Incorporez les herbes hachées dans
le yaourt, salez et poivrez si vous le souhaitez,
et servez avec le plat.

• Par portion : 495 Calories – Protéines : 45 g –
Glucides : 63 g – Lipides : 9 g (dont 2 g de graisses
saturées) – Fibres : 5 g – Sucres ajoutés : 15 g –
Sel : 0,39 g.

Servies avec une salade de tomates et de concombre,
ces pizzas turques légères et croustillantes,
garnies d'agneau sont délicieuses!

Pizzas turques à l'agneau

Pour 4 personnes

Préparation et cuisson : 30 min

- 250 g de préparation pour pain
- 1 oignon
- 1 gousse d'ail
- 250 g d'agneau maigre haché
- 1 cuill. à café de cumin en poudre
- 1 cuill. à café de coriandre en poudre
- 2 cuill. à soupe de yaourt nature
- 2 cuill. à soupe de pignons
- 1 poignée de menthe fraîche
(ou 1 pincée de menthe séchée)
- sel et poivre du moulin

1 Préchauffez le four à 220 °C (therm. 7-8). Préparez la pâte à pain selon les instructions figurant sur le paquet, puis partagez la pâte en deux et étalez-la au rouleau de façon à obtenir deux grands ovales. Transférez-les sur une grande plaque de cuisson farinée.

2 Hachez finement l'oignon et l'ail. Dans un saladier, mélangez l'oignon avec l'agneau, l'ail, les épices et le yaourt, salez et poivrez. Répartissez ce mélange sur la pâte, en veillant que la viande ne soit pas agglomérée. Enfournez et laissez cuire de 15 à 18 minutes, jusqu'à ce que la pâte soit dorée et la viande cuite. Servez parsemé de menthe hachée et de pignons.

• Par portion : 377 Calories – Protéines : 22 g – Glucides : 47 g – Lipides : 12 g (dont 4 g de graisses saturées) – Fibres : 3 g – Sucres ajoutés : 3 g – Sel : 1,24 g.

Cette recette peu calorique est pauvre en graisses saturées.
Vous pouvez la servir avec des croûtons maison.

Minestrone d'hiver

Pour 4 personnes
Préparation et cuisson : 55 min

- 1 oignon
- 2 branches de céleri
- 2 gousses d'ail
- 100 g de bacon ou de lard maigre
- 2 grosses carottes
- 1 pomme de terre moyenne
- 2 cuill. à soupe d'huile d'olive
- 400 g de tomates concassées en conserve
- 2 cuill. à café de feuilles de sauge (ou 1 cuill. à café de sauge séchée)
- 1 l de bouillon de légumes
- quelques feuilles de chou
- 400 g de haricots blancs en conserve
- 1 poignée de persil
- sel et poivre du moulin

POUR SERVIR
- croûtons ou pain grillé (facultatif)

1 Hachez l'oignon, le céleri et l'ail. Émincez le bacon et les carottes. Pelez et coupez la pomme de terre en dés. Faites chauffer l'huile d'olive dans un grand faitout et faites-y revenir l'oignon et le bacon pendant 5 minutes environ, jusqu'à ce que l'oignon commence à blondir. Ajoutez les carottes, le céleri, la pomme de terre et l'ail, mélangez bien et prolongez la cuisson de quelques minutes.

2 Ajoutez les tomates et la sauge hachée, mouillez avec le bouillon et portez à ébullition tout en remuant. Baissez le feu et laissez frémir à demi-couvert pendant 30 minutes environ, en incorporant le chou émincé au bout de 15 minutes. Égouttez et rincez les haricots, puis ajoutez-les avec le persil haché. Salez, poivrez et servez éventuellement avec des croûtons ou du pain grillé.

• Par portion : 274 Calories – Protéines : 13 g – Glucides : 28 g – Lipides : 13 g (dont 3 g de graisses saturées) – Fibres : 8 g – Sucres ajoutés : 12 g – Sel : 2,56 g.

Pauvres en matières grasses, ces poivrons farcis aux accents mexicains sont parfaits pour un dîner en semaine.

Poivrons farcis au poulet

Pour 4 personnes

Préparation et cuisson : 40 min

- 150 g de riz rouge de Camargue (à défaut, riz complet)
- 4 gros poivrons rouges
- 250 g de sauce salsa piquante
- 200 g de poulet cuit, haché
- 200 g de haricots rouges en conserve
- 50 g de cheddar râpé ou de comté fruité
- 20 g de feuilles de coriandre fraîches
- quartiers de citron vert
- sel et poivre du moulin

POUR SERVIR
- salade d'avocats (facultatif)

1   Faites cuire le riz pendant 25 minutes dans de l'eau bouillante salée, jusqu'à ce qu'il soit juste tendre. Pendant ce temps, préchauffez le four à 220 °C (therm. 7-8).

2   Étêtez les poivrons puis épépinez-les. Huilez légèrement les poivrons et leurs chapeaux et faites-les rôtir à vide pendant 12 minutes dans un plat allant au four.

3   Égouttez le riz, ajoutez la sauce salsa, le poulet, les haricots, le fromage râpé et la coriandre hachée puis mélangez. Salez et poivrez à votre convenance. Sortez les poivrons du four, farcissez-les avec le riz au poulet, couvrez avec les chapeaux et enfournez pour 10 minutes. Arrosez avec le jus des quartiers de citron vert et servez éventuellement accompagné d'une salade d'avocats.

• Par portion : 370 Calories – Protéines : 24 g – Glucides : 50 g – Lipides : 10 g (dont 4 g de graisses saturées) – Fibres : 5 g – Sucres ajoutés : 15 g – Sel : 1,65 g.

Le curry et la coriandre font de ces steaks hachés de dinde
un plat de viande léger riche en parfums inattendus.

Hamburgers de dinde aux épices

Pour 4 personnes

Préparation et cuisson : 20 min

- 1/2 oignon rouge
- 1 gousse d'ail
- 500 g de dinde hachée
- 2 cuill. à café de curry de Madras en poudre
- 1 poignée de coriandre fraîche
- 1 jaune d'œuf
- 1 cuill. à soupe d'huile de tournesol
- 4 petits pains à hamburger
- sel et poivre du moulin

POUR SERVIR
- salade
- tomate
- chutney de mangue
- citron vert (facultatif)

1   Hachez l'oignon et pressez l'ail.
Dans un saladier, mélangez la viande hachée,
l'oignon, l'ail, le curry, la coriandre hachée
et le jaune d'œuf. Salez légèrement et poivrez.
Mélangez bien en pétrissant à la main,
puis façonnez quatre steaks hachés.

2   Faites chauffer l'huile à feu vif dans une poêle
et faites cuire les steaks hachés 5 minutes
de chaque côté, jusqu'à ce qu'ils soient cuits.
Coupez les petits pains en deux et faites griller
les faces coupées. Disposez une feuille de salade
sur la base encore chaude de chaque petit pain
et une rondelle de tomate, puis posez dessus
un steak de dinde et garnissez avec un peu
de chutney ou, si vous le souhaitez, de citron vert.

• Par portion : 318 Calories – Protéines : 34 g –
Glucides : 26 g – Lipides : 9 g (dont 2 g de graisses
saturées) – Fibres : 2 g – Sucres ajoutés : 2 g – Sel : 0,95 g.

Le thon se marie à merveille avec le gingembre, l'ail et le soja.
Riche en oméga-3 et pauvre en sel et en graisses saturées,
ce plat très sain est idéal pour rassasier les enfants affamés.

Hamburgers de thon haché

Pour 2 personnes
Préparation et cuisson : 25 min

- 200 g de thon frais
- 1 gousse d'ail
- 1 morceau de gingembre de 3 cm
- 1 cuill. à soupe de sauce soja
- 1 poignée de feuilles de coriandre
- 1 cuill. à soupe d'huile de tournesol

POUR SERVIR
- 2 petits pains à hamburger
- feuilles de laitue
- tomate
- avocat

1 Coupez le thon en morceaux, puis émincez-le jusqu'à ce qu'il soit quasiment haché. Hachez l'ail. Pelez et râpez le gingembre. Transférez ces ingrédients dans un saladier, ajoutez la sauce soja et la coriandre hachée puis mélangez. Façonnez deux steaks hachés, posez-les sur une assiette puis mettez-les 10 minutes au congélateur pour les raffermir.

2 Faites chauffer l'huile dans une poêle à fond antiadhésif, puis faites cuire les steaks pendant 1 ou 2 minutes de chaque côté, ou plus selon votre convenance. Coupez les petits pains en deux et faites-les griller. Servez les steaks de thon dans ces petits pains garnis de salade, de rondelles de tomate et de tranches d'avocat.

• Par steak (sans le pain) : 97 Calories – Protéines : 12 g – Glucides : 1 g – Lipides : 5 g (dont 1 g de graisses saturées) – Pas de fibres – Pas de sucres ajoutés – Sel : 0,74 g.

Les champignons à l'ail agrémentent ici
du poisson blanc et en font un plat léger.

Gratin de poisson
aux champignons à l'ail

Pour 4 personnes
Préparation et cuisson : 20 min

- 3 gousses d'ail
- 250 g de champignons de Paris
- 1 cuill. à soupe d'huile d'olive
- 1 petit bouquet de persil
- 4 filets de poisson d'environ 150 g chacun (type cabillaud, lieu ou haddock)
- 1 épaisse tranche de pain de mie blanc ou complet
- 50 g de cheddar ou de gruyère râpé
- sel et poivre du moulin

1   Hachez l'ail puis émincez les champignons. Faites chauffer l'huile dans une poêle allant au four, puis faites revenir l'ail et les champignons pendant 5 minutes, jusqu'à ce qu'ils ramollissent mais sans roussir. Ajoutez le persil grossièrement haché et mélangez l'ensemble.

2   Repoussez la préparation vers les bords de la poêle et mettez les filets de poisson au milieu. Salez, poivrez, puis ramenez les champignons sur le poisson.

3   Préchauffez le gril du four à température élevée. Retirez la poêle du feu. Coupez le pain en morceaux. Parsemez la poêle de pain et de fromage râpé et glissez-la sous le gril pendant 5 minutes, jusqu'à ce que la chair du poisson se détache facilement.

• Par portion : 227 Calories – Protéines : 31 g – Glucides : 7 g – Lipides : 9 g (dont 3 g de graisses saturées) – Fibres : 1 g – Sucres ajoutés : 1 g – Sel : 0,6 g.

Avec sa faible teneur en sel et en graisses saturées, cette sauce tomate toute simple se marie également très bien avec des crevettes et du poulet.

Poisson au thym et à la tomate

Pour 4 personnes
Préparation et cuisson : 20 min

- 1 oignon
- 1 cuill. à soupe d'huile d'olive
- 400 g de tomates concassées en conserve
- 1 cuill. à café bombée de sucre blond
- quelques brins de thym frais
- 1 cuill. à soupe de sauce soja
- 4 filets de poisson blanc

POUR SERVIR
- pommes de terre à la vapeur ou rôties

1 Hachez l'oignon. Faites chauffer l'huile dans une poêle et faites blondir l'oignon de 5 à 8 minutes. Incorporez les tomates, le sucre, les feuilles de thym et la sauce soja puis portez à ébullition.

2 Laissez frémir pendant 5 minutes, puis faites glisser délicatement le poisson dans la sauce. Couvrez et laissez mijoter à feu doux jusqu'à ce que la chair du poisson se détache facilement. Servez avec des pommes de terre à la vapeur ou rôties.

• Par portion : 172 Calories – Protéines : 27 g – Glucides : 7 g – Lipides : 4 g (dont 1 g de graisses saturées) – Fibres : 1 g – Sucres ajoutés : 6 g – Sel : 1,1 g.

Tous les légumes verts à feuilles, y compris les choux,
conviennent pour cette recette qui accompagne parfaitement
le poulet ou le poisson.

Légumes à l'indienne

Pour 4 personnes
Préparation et cuisson : 20 min

- 4 piments verts
- 1 morceau de gingembre de 4 cm
- 1 cuill. à soupe d'huile végétale
- 1 cuill. à café de graines de cumin
- 1/2 cuill. à café de graines de moutarde noires
- 1/2 cuill. à café de curcuma
- 500 g de légumes verts à feuilles émincés
- 100 g de petits pois surgelés
- le jus de 1 citron
- 1/2 cuill. à café de coriandre en poudre
- 1 petit bouquet de coriandre
- 2 cuill. à soupe de noix de coco râpée
- sel

1 Épépinez et hachez les piments. Râpez le gingembre. Faites chauffer l'huile dans un wok ou une grande poêle antiadhésive et faites revenir les graines de cumin et de moutarde pendant 1 minute. Ajoutez ensuite les piments, le gingembre et le curcuma et prolongez la cuisson jusqu'à ce qu'il se dégage une forte odeur aromatique. Ajoutez ensuite les légumes, 1 pincée de sel, un petit peu d'eau et les petits pois. Couvrez et laissez mijoter pendant 4 ou 5 minutes, jusqu'à ce que les feuilles aient fondu.

2 Incorporez ensuite le jus de citron, la coriandre en poudre, la moitié de la coriandre fraîche grossièrement hachée et la moitié de la noix de coco. Mélangez bien l'ensemble. Transférez sur un plat de service et servez parsemé du reste de noix de coco et de coriandre fraîche hachée.

• Par portion : 117 Calories – Protéines : 5 g – Glucides : 9 g – Lipides : 7 g (dont 3 g de graisses saturées) – Fibres : 5 g – Sucres ajoutés : 6 g – Sel : 0,03 g.

Cousin du gratin dauphinois et des pommes boulangères, ce gratin allégé accompagne agréablement les rôtis tout en étant source de vitamine C.

Gratin de poireaux et de pommes de terre

Pour 8 personnes
Préparation et cuisson : 1 h

- 1 kg de pommes de terre pour purée (bintje par exemple)
- 6 poireaux
- 60 cl de bouillon de légumes ou de volaille
- 25 g de beurre
- 3 ou 4 tranches de bacon
- 3 cuill. à soupe de crème fraîche épaisse (facultatif)
- sel et poivre du moulin

1 Préchauffez le four à 200 °C (therm. 6-7). Coupez les pommes de terre et les poireaux en fines rondelles. Versez le bouillon dans un grand faitout, portez à ébullition, puis ajoutez les pommes de terre et les poireaux. Faites bouillir à nouveau pendant 5 minutes, puis égouttez bien les légumes en réservant le bouillon.

2 Pendant ce temps, beurrez légèrement un grand plat à gratin. Coupez les tranches de bacon. Superposez des couches de pommes de terre et de poireaux, en salant et en poivrant au fur et à mesure, puis répartissez les morceaux de bacon sur le dessus. Salez et poivrez généreusement, mouillez avec 15 cl de bouillon, puis étalez éventuellement la crème fraîche à l'aide d'une cuillère et couvrez avec une feuille d'aluminium. Enfournez pour 40 minutes, en découvrant le gratin à mi-cuisson pour que le bacon soit croustillant.

• Par portion : 153 Calories – Protéines : 5 g – Glucides : 24 g – Lipides : 5 g (dont 2 g de graisses saturées) – Fibres : 4 g – Sucres ajoutés : 3 g – Sel : 0,35 g.

Les poivrons gagnent tout particulièrement à être rôtis.
Avec sa faible teneur en sel et en matières grasses,
cette recette est idéale avec un poulet ou un poisson rôti.

Poivrons rôtis au cumin

Pour 6 personnes
Préparation et cuisson : 40 min

- 4 poivrons rouges
- 3 cuill. à soupe d'huile d'olive
- 600 g de tomates cerises en grappes
- 1 cuill. à café de cumin
- 100 g d'olives vertes
- sel et poivre du moulin

1 Préchauffez le four à 200 °C (therm. 6-7). Égrainez et coupez les poivrons en gros morceaux. Mettez-les dans un plat allant au four de taille moyenne et arrosez avec 2 cuillerées à soupe d'huile. Salez et poivrez généreusement, puis enfournez le plat pour environ 20 minutes, jusqu'à ce que les poivrons aient légèrement ramolli.

2 Retirez le plat du four, puis posez les grappes de tomates cerises sur les poivrons, saupoudrez de cumin et arrosez avec le reste d'huile. Salez et poivrez à nouveau, puis enfournez pour 10 minutes, jusqu'à ce que la peau des tomates éclate. Incorporez les olives juste avant de servir ce plat chaud ou froid.

• Par portion : 116 Calories – Protéines : 2 g – Glucides : 10 g – Lipides : 8 g (dont 1 g de graisses saturées) – Fibres : 3 g – Sucres ajoutés : 9 g – Sel : 0,81 g.

Plat d'été par excellence, riche en fibres et en vitamine C,
la ratatouille apporte quatre des cinq portions quotidiennes
de fruits et légumes recommandées.

Ratatouille

Pour 4 personnes
Préparation et cuisson : 45 min

- 2 poivrons rouges ou jaunes
- 4 grosses tomates bien mûres
- 2 grosses aubergines
- 4 petites courgettes
- 1 oignon de taille moyenne
- 3 gousses d'ail
- 5 cuill. à soupe d'huile d'olive
- 1 cuill. à soupe de vinaigre de vin rouge
- 1 cuill. à café de sucre
- un petit bouquet de basilic
- sel et poivre du moulin

1   Pelez les poivrons avec un Économe, puis épépinez-les et coupez-les en gros morceaux. Incisez la base des tomates en croix, puis couvrez-les d'eau bouillante. Attendez 20 secondes, puis plongez-les dans un saladier d'eau froide, pelez-les, épépinez-les et hachez grossièrement la chair. Coupez les aubergines en gros morceaux et les courgettes en rondelles. Émincez l'oignon et pressez l'ail.

2   Faites chauffer 2 cuillerées à soupe d'huile dans une poêle, puis faites revenir les aubergines pendant 5 minutes. Réservez, puis faites sauter les courgettes pendant 5 minutes dans 1 cuillerée d'huile supplémentaire, jusqu'à ce qu'elles soient dorées. Réservez. Faites revenir les poivrons et les oignons avec le reste d'huile, puis ajoutez l'ail et prolongez la cuisson de 1 minute.

3   Incorporez le vinaigre et le sucre, puis les tomates et la moitié du basilic haché. Ajoutez les aubergines et les courgettes. Salez, poivrez et laissez mijoter le tout pendant 5 minutes. Servez parsemé du reste de basilic.

• Par portion : 241 Calories – Protéines : 6 g – Glucides : 20 g – Lipides : 16 g (dont 2 g de graisses saturées) – Fibres : 8 g – Sucres ajoutés : 18 g – Sel : 0,05 g.

Idéal pour accompagner les viandes rôties ou en ragoût,
ce gratin est encore meilleur préparé la veille.

Gratin de légumes d'hiver

Pour 8 personnes
Préparation et cuisson : 1 h 45

- 500 g de carottes
- 1 céleri-rave de taille moyenne
- 1 kg de pommes de terre
  pour purée (bintje)
- 1 gousse d'ail
- 5 cuill. à soupe d'huile d'olive
- 30 cl de bouillon de légumes chaud
- sel et poivre du moulin

POUR SERVIR
- 1 poignée de persil haché

1 Préchauffez le four à 190 °C (therm. 6-7). Pelez les carottes, le céleri-rave et les pommes de terre puis coupez-les en fines rondelles, en séparant bien les différents légumes. Hachez l'ail.

2 Disposez la moitié des pommes de terre dans un plat à gratin, arrosez de 1 cuillerée d'huile et parsemez d'un peu d'ail. Couvrez avec du céleri-rave, ajoutez un peu d'huile et d'ail, incorporez les carottes, assaisonnez à nouveau avec un peu d'huile et d'ail. Salez et poivrez généreusement chaque couche. Recouvrez le gratin avec le reste de pommes de terre et arrosez avec l'huile restante.

3 Mouillez avec le bouillon, puis couvrez le plat hermétiquement avec une feuille d'aluminium. Faites cuire le gratin pendant 45 minutes, puis retirez l'aluminium et prolongez la cuisson de 35 à 45 minutes, jusqu'à ce que les légumes soient tendres et qu'une croûte dorée se soit formée. Si vous préparez ce gratin à l'avance, réchauffez-le au four pendant 15 à 20 minutes avant de le servir parsemé de persil haché.

• Par portion : 173 Calories – Protéines : 4 g –
Glucides : 23 g – Lipides : 8 g (dont 1 g de graisses
saturées) – Fibres : 5 g – Sucres ajoutés : 6 g – Sel : 0,41 g.

Servez ce plat sain aux beaux jours : gorgé de vitamine C
et d'acide folique, il est également riche en fibres.

Salade de poulet à l'orange

Pour 2 personnes
Préparation et cuisson : 15 min

- 150 g de haricots verts
- 1 bulbe de fenouil
- 1 gros avocat
- 100 g de cresson
- 2 oranges
- 2 cuill. à soupe d'huile d'olive
- 2 blancs de poulet sans la peau, cuits
- sel et poivre du moulin

1 Équeutez les haricots verts puis faites-les cuire pendant 4 ou 5 minutes dans une grande casserole d'eau bouillante salée. Égouttez-les, passez-les sous l'eau froide, puis transférez-les dans un plat de service.

2 Émincez le fenouil. Pelez et tranchez l'avocat, puis ajoutez-le dans le plat avec le cresson grossièrement haché et le fenouil. Pelez les oranges, prélevez-en quelques segments et ajoutez-les. Pressez le reste des oranges et versez le jus dans un bol. Mélangez ce jus avec l'huile d'olive, salez et poivrez. Versez cette sauce sur la salade, remuez bien, puis répartissez-la sur les haricots verts. Coupez les blancs de poulet en lamelles, parsemez-en la salade et servez.

• Par portion : 572 Calories – Protéines : 45 g – Glucides : 19 g – Lipides : 36 g (dont 5 g de graisses saturées) – Fibres : 10 g – Sucres ajoutés : 17 g – Sel : 0,30 g.

Une salade légère que vous pouvez compléter avec des nouilles aux œufs pour en faire un plat principal plus substantiel.

Salade de poulet aux brocolis

Pour 4 personnes
Préparation et cuisson : 25 min

- 2 brocolis
- 5 échalotes ou 1 gros oignon
- 2 piments rouges
- 2 gousses d'ail
- 2 cuill. à soupe d'huile d'olive
- 1 poignée d'olives noires dénoyautées
- 4 blancs de poulet cuits
- 4 cuill. à soupe de sauce soja
- sel et poivre du moulin

1 Détaillez les brocolis en bouquets, faites-les cuire à la vapeur pendant 4 minutes, puis versez-les dans un saladier. Salez et poivrez.

2 Émincez les échalotes, les piments et l'ail. Pendant ce temps, faites chauffer l'huile dans une poêle et faites-y revenir l'échalote pendant 2 minutes. Ajoutez les piments et l'ail et prolongez la cuisson de 4 minutes. Retirez les échalotes, le piment et l'ail de la poêle avec une spatule, puis mélangez-les avec les brocolis et les olives. Coupez les blancs de poulet en lamelles puis incorporez-les à la préparation.

3 Déglacez la poêle à feu moyen avec la sauce soja, puis versez ce jus sur la salade. À déguster froid ou chaud.

• Par portion : 291 Calories – Protéines : 42 g – Glucides : 4 g – Lipides : 12 g (dont 2 g de graisses saturées) – Fibres : 3 g – Sucres ajoutés : 3 g – Sel : 3,05 g.

Ce plat riche en fibres peut accompagner des pâtes.
Mélangez les légumes tièdes à l'assaisonnement
pour qu'ils s'imprègnent davantage des parfums.

Légumes rôtis au pesto

Pour 4 personnes
Préparation et cuisson : 45 min

- 3 panais
- 2 oignons rouges
- 2 poivrons rouges
- 1 petite courge
- 1 gousse d'ail
- 2 cuill. à soupe d'huile d'olive ou de tournesol
- 4 cuill. à soupe de pesto
- 100 g de pousses d'épinards
- 2 cuill. à soupe de pignons grillés
- sel et poivre du moulin

1   Préchauffez le four à 230 °C (therm. 7-8). Pelez et coupez les panais en rondelles. Émincez les oignons. Coupez les poivrons en morceaux, pelez la courge puis détaillez-la en lamelles. Pressez l'ail.

2   Mettez tous les légumes dans un plat allant au four avec l'huile et l'ail. Salez et poivrez, puis mélangez avec les mains pour qu'ils soient tous bien enrobés. Faites-les rôtir pendant 30 minutes, jusqu'à ce qu'ils soient tendres et dorés.

3   Laissez refroidir légèrement, puis versez dans un grand saladier. Mélangez avec le pesto, les pousses d'épinards et les pignons grillés puis servez.

• Par portion : 306 Calories – Protéines : 10 g – Glucides : 35 g – Lipides : 15 g (dont 3 g de graisses saturées) – Fibres : 10 g – Sucres ajoutés : 20 g – Sel : 0,32 g.

Fraîche mais très relevée, cette salade de concombre
se déguste avec des grillades de volaille ou de bœuf.

Salade de concombre épicée

Pour 4 personnes
Préparation et cuisson : 35 min

- 1 gros concombre
- 1 cuill. à café de sucre blond en poudre
- 1 cuill. à soupe de vinaigre de riz ou de vin blanc
- 1 morceau de gingembre de 3 cm
- 2 oignons nouveaux
- 1 grosse poignée de feuilles de coriandre fraîches
- 2 gousses d'ail
- 1 gros piment rouge
- 2 cuill. à soupe de sauce soja
- 1 cuill. à soupe d'huile de sésame
- sel

POUR SERVIR
- poulet grillé (facultatif)

1 Pelez et coupez le concombre en deux
dans le sens de la longueur, retirez les graines
avec une cuillère à café et jetez-les. Coupez
ensuite le concombre en biseau en gros morceaux.
Mettez-les dans un saladier, saupoudrez de sucre
et de 1 grosse pincée de sel puis mouillez avec
le vinaigre. Laissez mariner au réfrigérateur pendant
30 minutes environ.

2 Pendant ce temps, hachez le gingembre,
les oignons, la coriandre et l'ail. Épépinez le piment
puis émincez-le. Mélangez tous les ingrédients
à l'exception du concombre dans un saladier.

3 Égouttez ensuite le concombre et ajoutez-le
à la préparation. Servez cette salade éventuellement
avec du poulet grillé ou toute autre grillade,
de viande ou de poisson.

• Par portion : 238 Calories – Protéines : 33 g –
Glucides : 5 g – Lipides : 9 g (dont 2 g de graisses
saturées) – Fibres : 1 g – Sucres ajoutés : 4 g – Sel : 2,17 g.

Servez ces aubergines en entrée ou bien avec une viande
et, si vous le souhaitez, garnissez-en votre sandwich !

Aubergines grillées
au yaourt et à la menthe

Pour 4 personnes
Préparation et cuisson : 30 min

- 4 petites aubergines
- 2 gousses d'ail
- 2 cuill. à soupe d'huile d'olive
- 150 g de yaourt nature
- le jus de 1/2 citron
- 1 petit bouquet de menthe
- sel et poivre du moulin

1 Coupez les aubergines en rondelles
de 1 cm d'épaisseur environ. Pressez l'ail.
Arrosez les tranches d'aubergine d'huile d'olive,
salez et poivrez légèrement puis mélangez
bien. Faites chauffer un gril, puis faites griller
les aubergines des deux côtés jusqu'à ce qu'elles
soient tendres et légèrement brunies. Procédez
en plusieurs fois. Laissez refroidir légèrement
les aubergines grillées sur un plat de service.

2 Pendant ce temps, mélangez le yaourt
avec le jus de citron, l'ail et la menthe
grossièrement hachée. Salez et poivrez,
puis versez cette sauce sur les aubergines
grillées et servez à température ambiante.

• Par portion : 105 Calories – Protéines : 4 g –
Glucides : 8 g – Lipides : 7 g (dont 1 g de graisses
saturées) – Fibres : 4 g – Sucres ajoutés : 6 g – Sel : 0,33 g.

Un festival de saveurs, de couleurs et de textures dans cette recette
asiatique légère qui ne comporte que quatre ingrédients.

Brocolis
aux noix de cajou

Pour 6 personnes
Préparation et cuisson : 20 min

- 2 brocolis
- 1 cuill. à soupe d'huile de tournesol
- 100 g de noix de cajou
- 3 cuill. à soupe de sauce d'huîtres

1 Détaillez les brocolis en bouquets. Faites chauffer un peu d'huile dans un wok et faites légèrement dorer les noix de cajou. Retirez-les de la poêle, puis ajoutez le reste d'huile et faites revenir les brocolis pendant 2 ou 3 minutes, jusqu'à ce qu'ils deviennent vert vif (ils sont alors encore fermes).

2 Ajoutez un peu d'eau, couvrez et prolongez la cuisson de 4 minutes, jusqu'à ce que les tiges cèdent à la pression d'un couteau. Poussez les brocolis d'un côté du wok, puis versez la sauce d'huîtres et portez à ébullition. Ramenez les brocolis dans la sauce, incorporez les noix de cajou et servez en accompagnement d'un poisson ou d'un poulet grillé, avec du riz blanc ou des nouilles par exemple.

• Par portion : 156 Calories – Protéines : 8 g – Glucides : 6 g – Lipides : 11 g (dont 1 g de graisses saturées) – Fibres : 4 g – Sucres ajoutés : 4 g – Sel : 0,82 g.

Une salade légère sans feuille qui ne risque donc pas de s'altérer
dans la vinaigrette : parfaite pour un pique-nique ou un buffet froid.

Salade de nouilles
et de légumes sautés

Pour 6 personnes
Préparation et cuisson : 25 min

- 4 blocs de nouilles chinoises aux œufs
- 4 cuill. à café d'huile de sésame
- 2 poivrons rouges
- 2 gousses d'ail
- 1 botte d'oignons nouveaux
- 1 morceau de gingembre de 4 cm
- 2 carottes
- 4 feuilles de lime
(dans les épiceries asiatiques)
- 6 cuill. à soupe de sauce soja
- 2 grosses poignées de germes
de soja
- 250 g de tofu
- 1 gros bouquet de coriandre haché

POUR LA VINAIGRETTE
- 15 cl de vinaigre de riz
- 2 bâtons de citronnelle
- 1/3 de piment rouge
- 2 cuill. à soupe de sucre blond
en poudre
- 4 feuilles de lime hachées

1 Préparez la vinaigrette : versez tous
les ingrédients dans une petite casserole et portez
à ébullition. Laissez bouillir 1 minute à feu doux,
puis retirez du feu et laissez infuser.

2 Faites cuire les nouilles, puis égouttez-les
et mélangez-les avec 3 cuillerées à soupe d'huile
de sésame. Laissez refroidir, en remuant de temps
en temps pour qu'elles ne collent pas.

3 Émincez les poivrons rouges, l'ail, les oignons
et le gingembre. Coupez les carottes en bâtonnets.
Faites chauffer le reste d'huile dans un wok et faites
sauter les poivrons, les carottes, le gingembre
et l'ail pendant 1 minute. Réservez.

4 Versez les nouilles dans un saladier
et arrosez-les avec la vinaigrette. Émincez
les feuilles de lime et ajoutez-les à la préparation
avec tous les autres ingrédients, en réservant
de la coriandre pour le service.

• Par portion : 301 Calories – Protéines : 10 g –
Glucides : 44 g – Lipides : 11 g (dont 1 g de graisses
saturées) – Fibres : 3 g – Sucres ajoutés : 14 g – Sel : 3,35 g.

Cette salade fraîche aux couleurs et saveurs estivales apporte une des cinq portions quotidiennes de fruits et de légumes recommandées.

Salade d'avocats et de crevettes

Pour 4 personnes
Préparation et cuisson : 25 min

- 350 g de grosses crevettes cuites
- 2 avocats
- 1 grosse poignée de feuilles de basilic
- 120 g de pousses d'épinards

POUR LA VINAIGRETTE
- 1 piment rouge
- 2 cuill. à soupe de jus de citron vert frais
- 2 cuill. à café de miel liquide
- 3 cuill. à soupe d'huile d'olive

POUR SERVIR
- quartiers de citron vert

1 Décortiquez les crevettes en laissant les queues, rincez-les puis essuyez-les avec du papier absorbant. Préparez la vinaigrette : épépinez le piment puis émincez-le, versez tous les ingrédients de la vinaigrette dans un bol et fouettez pour bien les mélanger.

2 Environ 1 heure avant de servir, pelez et dénoyautez les avocats, puis coupez-les en lamelles épaisses. Déposez-les dans un saladier avec la moitié de la vinaigrette. Mélangez délicatement pour bien enrober l'avocat (et éviter ainsi qu'il ne brunisse).

3 Hachez le basilic et ajoutez-le aux crevettes. Mélangez délicatement.

4 Dressez les pousses d'épinards sur un plat de service, puis répartissez le mélange de crevettes, d'avocat et de basilic dessus. Arrosez avec la vinaigrette restante et servez avec des quartiers de citron vert.

• Par portion : 266 Calories – Protéines : 15 g – Glucides : 4 g – Lipides : 21 g (dont 3 g de graisses saturées) – Fibres : 2 g – Sucres ajoutés : 12 g – Sel : 1,08 g.

Une salade d'été, pauvre en sel et en graisses,
à servir avec un poulet rôti ou un gigot,
ou encore avec des grillades au barbecue.

Salade orientale

Pour 6 personnes
Préparation et cuisson : 20 min

- 6 abricots secs
- 250 g de semoule
- 1 cuill. à soupe de harissa
- 50 g de raisins secs
- 400 g de pois chiches en conserve
- 3 cuill. à soupe de pignons,
légèrement grillés
- le jus de 1 citron
- 4 cuill. à soupe d'huile d'olive

1 Hachez les abricots secs. Préparez la semoule dans un grand saladier en incorporant la harissa, les raisins secs et les abricots secs à la quantité d'eau indiquée sur le paquet. Égouttez les pois chiches puis rincez-les. Incorporez-les avec les pignons, le jus de citron et l'huile d'olive dans le saladier, puis couvrez et laissez gonfler pendant 10 minutes, jusqu'à ce que tout le liquide ait été absorbé.

2 Égrainez la semoule à la fourchette et servez (ou laissez couvert jusqu'au moment de servir).

• Par portion : 289 Calories – Protéines : 7 g –
Glucides : 38 g – Lipides : 13 g (dont 2 g de graisses
saturées) – Fibres : 3 g – Sucres ajoutés : 10 g –
Sel : 0,29 g.

Cette salade originale se marie parfaitement
avec le saumon ou des filets de maquereau fumés.

Salade de pommes de terre et de betteraves rouges

Pour 6 personnes
Préparation et cuisson : 25 min

- 500 g de pommes de terre nouvelles
- 2 gousses d'ail
- 1 oignon rouge
- 500 g de betteraves rouges cuites
- 4 cuill. à soupe d'huile d'olive
- 1 cuill. à soupe de vinaigre de vin blanc
- 20 g de feuilles de coriandre fraîches
- sel

1 Faites bouillir les pommes de terre dans une casserole d'eau salée pendant 15 minutes, jusqu'à ce qu'elles soient tendres. Laissez-les refroidir puis coupez-les en morceaux. Vous pouvez laisser la peau ou la retirer, à votre convenance.

2 Pendant ce temps, hachez l'ail et l'oignon, puis coupez les betteraves en dés. Mélangez l'huile, le vinaigre, l'ail et l'oignon, puis ajoutez les dés de betterave à cette vinaigrette. Incorporez les pommes de terre et la coriandre hachée à cette préparation. Vous pouvez préparer cette salade la veille, mais ajoutez la coriandre au dernier moment.

• Par portion : 171 Calories – Protéines : 4 g – Glucides : 23 g – Lipides : 8 g (dont 1 g de graisses saturées) – Fibres : 3 g – Sucres ajoutés : 9 g – Sel : 0,26 g.

Régalez-vous sans complexes
avec cette salade relevée et légère !

Salade asiatique
de chou aux crevettes

Pour 2 personnes
Préparation : 15 min

- 1/2 chou blanc
- 100 g de radis
- 1 grosse carotte
- 2 grosses poignées de germes de soja
- 1 poignée de noix de cajou
- 1 poignée de feuilles de coriandre fraîches
- 100 g de crevettes cuites

POUR L'ASSAISONNEMENT
- 1 piment rouge (facultatif)
- 1 morceau de gingembre de 3 cm
- le zeste et le jus de 1 citron vert
- 2 cuill. à café de sucre en poudre
- 1 cuill. à soupe d'huile de sésame

1 Préparez l'assaisonnement. Hachez le piment, si vous en mettez, puis émincez le gingembre. Mélangez tous les ingrédients de l'assaisonnement dans un saladier.

2 Émincez le chou et les radis. Râpez grossièrement la carotte.

3 Incorporez tous les ingrédients dans le saladier, à l'exception des crevettes. Dressez la salade sur deux assiettes, puis disposez quelques crevettes sur chacune.

• Par portion : 334 Calories – Protéines : 19,9 g – Glucides : 28,2 g – Lipides : 16,6 g (dont 2 g de graisses saturées) – Fibres : 7,9 g – Sucres ajoutés : 24,2 g – Sel : 1 g.

La douceur des petits pois à peine cuits compense
à merveille le piquant de la sauce au raifort.

Salade de betteraves au jambon cuit

Pour 2 personnes
Préparation : 15 min

- 100 g de petits pois surgelés
- 175 g de betteraves rouges cuites
- 2 oignons nouveaux
- 2 cuill. à soupe de yaourt à la grecque
- 2 cuill. à café de sauce au raifort
- 1/2 laitue
- 100 g de jambon de Paris

1 Plongez les petits pois dans une casserole d'eau bouillante pendant 2 minutes, puis égouttez-les bien. Coupez les betteraves en dés puis émincez les oignons.

2 Versez les petits pois, les dés de betterave et les oignons dans un saladier puis mélangez bien l'ensemble. Mélangez le yaourt et la sauce au raifort dans un bol, puis mouillez avec 1 cuillerée à soupe d'eau bouillante pour allonger la sauce.

3 Émincez la laitue et coupez le jambon en lamelles. Dressez la laitue dans deux assiettes creuses, puis ajoutez le mélange de légumes. Assaisonnez avec la sauce au raifort et garnissez avec le jambon.

• Par portion : 166 Calories – Protéines : 16 g – Glucides : 17 g – Lipides : 4 g (dont 2 g de graisses saturées) – Fibres : 5 g – Sucres ajoutés : 13 g – Sel : 1,92 g.

Cinq ingrédients de base suffisent pour préparer
ce risotto léger agréablement citronné. En saison,
remplacez les petits pois par des asperges.

Risotto aux petits pois

Pour 2 personnes
Préparation et cuisson : 30 min

- 200 g de riz à risotto (*arborio*)
- 85 cl de bouillon de légumes chaud
- 50 g de petits pois surgelés
- 50 g de parmesan râpé
- le jus et le zeste de 1/2 citron
- sel et poivre du moulin

POUR SERVIR
- parmesan râpé

1 Faites chauffer une grande poêle à feu moyen,
puis faites griller le riz à sec pendant 1 minute,
en remuant constamment. Mouillez avec 1 louche
de bouillon et remuez jusqu'à ce que celui-ci
ait été absorbé. Baissez le feu, puis ajoutez le reste
du bouillon, louche par louche, jusqu'à ce que le riz
soit presque cuit et le bouillon totalement absorbé
(comptez une vingtaine de minutes).

2 Incorporez les petits pois et prolongez
la cuisson de 3 à 5 minutes, puis retirez du feu.
Incorporez le parmesan, le jus de citron, salez,
poivrez, puis remuez bien. Parsemez de zeste
de citron et de parmesan, puis servez
immédiatement.

• Par portion : 477 Calories – Protéines : 20 g –
Glucides : 84 g – Lipides : 9 g (dont 5 g de graisses
saturées) – Fibres : 5 g – Sucres ajoutés : 4 g – Sel : 1,04 g.

Les copeaux de panais qui accompagnent ce plat sont bien plus sains
que les plus classiques chips de pommes de terre !

Dhal de lentilles corail
et chips de panais

Pour 4 personnes
Préparation et cuisson : 25 min

- 2 oignons
- 1 cuill. à soupe d'huile de tournesol
- 200 g de lentilles corail
- 1 ou 2 cuill. à café de curry rouge
- 400 g de tomates concassées en conserve
- 85 cl de bouillon de légumes chaud
- 2 panais
- 1 cuill. à café d'huile d'arachide

1 Préchauffez le four à 200 °C (therm. 6-7). Hachez les oignons. Faites chauffer l'huile dans une poêle et faites blondir les oignons pendant 2 minutes. Incorporez les lentilles et le curry, puis ajoutez les tomates et mouillez avec le bouillon. Portez à ébullition, baissez le feu, couvrez et laissez mijoter de 10 à 12 minutes, jusqu'à ce que les lentilles soient tendres.

2 Pelez les panais et prélevez de longs copeaux avec un Économe. Disposez-les dans un plat allant au four, arrosez-les avec 1 cuillerée à café d'huile d'arachide, mélangez bien et enfournez pour 10 minutes, jusqu'à ce que ces chips soient croustillantes. Versez le dhal dans quatre assiettes creuses et servez avec les chips de panais.

• Par portion : 295 Calories – Protéines : 16 g – Glucides : 48 g – Lipides : 6 g (dont 1 g de graisses saturées) – Fibres : 9 g – Sucres ajoutés : 13 g – Sel : 0,5 g.

La pâte de curry ajoute une pointe d'exotisme
à ce plat de légumes simple et rapide à préparer.

Curry de légumes thaï

Pour 4 personnes

Préparation et cuisson : 35 min

- 1 courge
- 1 oignon
- 1 cuill. à soupe d'huile de tournesol
- 1 cuill. à soupe de pâte de curry rouge thaï
- 50 g de crème de coco
- 30 cl d'eau
- 250 g de haricots verts surgelés

POUR SERVIR (facultatif)
- *naan* (pain indien)

1 Pelez et coupez la courge en tranches épaisses. Émincez l'oignon. Faites chauffer l'huile de tournesol dans une sauteuse et faites revenir la courge et l'oignon à feu doux pendant 5 minutes. Incorporez la pâte de curry et prolongez la cuisson de 1 minute. Diluez la crème de coco dans l'eau bouillante, puis versez le tout sur les légumes. Portez à ébullition et laissez frémir pendant 10 minutes.

2 Ajoutez les haricots verts et prolongez la cuisson de 3 à 5 minutes jusqu'à ce que tous les légumes soient tendres mais ne s'écrasent pas. Servez éventuellement avec du naan chaud.

• Par portion : 178 Calories – Protéines : 5 g – Glucides : 23 g – Lipides : 9 g (dont 4 g de graisses saturées) – Fibres : 5 g – Sucres ajoutés : 13 g – Sel : 0,17 g.

Les champignons frais parfument agréablement
ce plat de pâtes à faible teneur en graisses.

Rigatoni aux champignons

Pour 4 personnes
Préparation et cuisson : 25 min

- 20 g de champignons séchés
- 15 cl d'eau
- 300 g de *rigatoni*
- 1 oignon rouge
- 300 g de champignons de Paris
- 2 cuill. à café d'huile d'olive
- quelques brins de thym frais
ou une bonne pincée de thym séché
- 2 cuill. à café de concentré
de tomates
- sel

1   Faites tremper les champignons séchés dans l'eau bouillante, puis faites cuire les pâtes dans une grande casserole d'eau bouillante salée.

2   Pendant ce temps, hachez finement l'oignon puis émincez les champignons de Paris. Faites chauffer l'huile dans une poêle et faites revenir l'oignon à feu doux pendant 5 minutes environ. Égouttez les champignons séchés et hachez-les. Ajoutez les champignons frais et secs, le thym et le concentré de tomates dans la poêle, puis mouillez avec l'eau de trempage des champignons. Portez à ébullition.

3   Baissez le feu et laissez frémir pendant 5 minutes, jusqu'à ce que les champignons soient tendres. Égouttez les pâtes, versez-les dans la poêle et incorporez-les à la sauce.

• Par portion : 304 Calories – Protéines : 11,9 g – Glucides : 59,8 g – Lipides : 3,6 g (dont 0,5 g de graisses saturées) – Fibres : 4,2 g – Sucres ajoutés : 3,7 g – Sel : 0,06 g.

Ces pâtes pauvres en graisses et riches en fibres sont parfaites,
que ce soit le soir en famille ou sur le pouce à l'heure du déjeuner.

Pâtes à la ratatouille

Pour 2 personnes
Préparation et cuisson : 45 min

- 1 petite aubergine
- 1 poivron rouge
- 1 courgette
- 1 oignon rouge
- 200 g de tomates bien mûres
- 2 gousses d'ail non pelées
- 1 cuill. à soupe d'huile d'olive
- 175 g de penne
- 1 bonne poignée de feuilles de basilic
- sel et poivre du moulin

1   Préchauffez le four à 200 °C (therm. 6-7).
Coupez l'aubergine, le poivron et la courgette
en morceaux. Émincez l'oignon puis hachez
les tomates. Mettez ces légumes (sauf les tomates)
avec l'ail dans un plat allant au four. Arrosez-les
d'huile, salez, poivrez et mélangez bien l'ensemble.
Faites rôtir les légumes pendant 20 minutes,
ajoutez les tomates et prolongez la cuisson
de 10 minutes.

2   Faites cuire les pâtes, puis égouttez-les
en réservant 4 cuillerées à soupe d'eau de cuisson.
Incorporez les pâtes, les 4 cuillerées d'eau
et le basilic dans le plat de légumes puis mélangez
bien. Pressez l'ail cuit sur les légumes avant
de servir.

• Par portion : 450 Calories – Protéines : 15 g –
Glucides : 83 g – Lipides : 9 g (dont 1 g de graisses
saturées) – Fibres : 9 g – Sucres ajoutés : 16 g – Sel : 0,07 g.

Avec des œufs dans le réfrigérateur, vous serez toujours en mesure de préparer un repas sain au pied levé.

Curry aux œufs durs

Pour 2 personnes

Préparation et cuisson : 30 min

- 3 œufs
- 1 oignon
- 1 cuill. à soupe d'huile végétale
- 2 cuill. à soupe de pâte de curry *korma*
- 175 g de haricots verts
- 20 cl d'eau
- 175 g de pousses d'épinards
- 175 g de tomates cerises
- 10 cl de lait de coco écrémé

POUR SERVIR
- *naan* (pain indien) ou pain pita (facultatif)

1 Mettez les œufs dans une casserole remplie d'eau froide, portez à ébullition et laissez-les durcir pendant 8 minutes. Égouttez-les et passez-les sous le robinet d'eau froide, puis écalez-les.

2 Émincez l'oignon, puis faites-le blondir dans l'huile pendant 5 minutes. Incorporez la pâte de curry et les haricots coupés en deux.

3 Mouillez avec l'eau, puis couvrez et prolongez la cuisson de 5 minutes. Ajoutez les épinards, les tomates et le lait de coco, puis faites frémir en remuant jusqu'à ce que les pousses d'épinards fanent. Dressez sur deux assiettes, puis coupez les œufs durs en deux et disposez-les sur le curry. Servez avec du naan ou, si vous le souhaitez, du pain pita grillé.

• Par portion : 351 Calories – Protéines : 18 g – Glucides : 14 g – Lipides : 26 g (dont 8 g de graisses saturées) – Fibres : 6 g – Sucres ajoutés : 10 g – Sel : 1,38 g.

Nappés de fromage fondu à l'ail, ces hamburgers aux champignons séduiront vos convives, végétariens ou pas !

Cèpes-burgers

Pour 4 personnes
Préparation et cuisson : 15 min

- 4 cèpes
- 1 cuill. à café d'huile de tournesol
- 1 gousse d'ail
- 50 g de gruyère râpé
- 1 cuill. à soupe de beurre ramolli
- 4 petits pains à hamburger
- sel et poivre du moulin

POUR SERVIR
- laitue
- tomate
- oignon rouge

1   Préchauffez le gril du four à haute température. Retirez le pied des cèpes, puis badigeonnez les chapeaux d'huile. Posez-les sur une plaque de cuisson et faites-les griller pendant 3 minutes de chaque côté, de façon qu'ils soient cuits mais encore fermes.

2   Pressez l'ail. Mélangez le fromage râpé avec l'ail et le beurre, salez et poivrez, puis étalez cette préparation dans les chapeaux. Passez les cèpes sous le gril pour faire fondre le gruyère, puis glissez-les dans les petits pains avec la laitue, les tomates coupées en rondelles et les oignons émincés.

• Par portion : 228 Calories – Protéines : 11 g – Glucides : 23 g – Lipides : 11 g (dont 5 g de graisses saturées) – Fibres : 3 g – Sucres ajoutés : 1 g – Sel : 1,05 g.

Cette pizza maison est savoureuse et riche en légumes du soleil !

Pizza poêlée

Pour 4 personnes
Préparation et cuisson : 45 min

- 1 poivron jaune
- 1 courgette
- 1 oignon rouge
- 3 cuill. à soupe d'huile d'olive
- 225 g de farine
- 5 cuill. à soupe de sauce tomate fraîche
- 50 g de cheddar ou de gruyère râpé
- sel et poivre du moulin

1   Préchauffez le four à 220 °C (therm. 7-8). Coupez le poivron en morceaux, la courgette en rondelles épaisses, et l'oignon en quartiers. Mettez ces légumes sur une plaque de cuisson et arrosez-les avec 1 cuillerée à café d'huile d'olive. Faites-les rôtir pendant 20 minutes, jusqu'à ce qu'ils soient tendres et dorés. Réservez.

2   Préchauffez le gril du four à température moyenne. Salez et poivrez la farine, mélangez-la avec 2 cuillerées à soupe d'huile et 4 ou 5 cuillerées à soupe d'eau, jusqu'à l'obtention d'une pâte souple. Pétrissez-la brièvement, puis étalez-la au rouleau sur un plan de travail fariné pour former un disque de 20 cm de diamètre.

3   Transférez la pâte dans une poêle antiadhésive allant au four et faites-la cuire à feu moyen pendant 5 minutes, jusqu'à ce que le dessous commence à dorer. Retournez-la, puis prolongez la cuisson de 5 minutes.

4   Étalez la sauce tomate sur la pâte, répartissez les légumes rôtis dessus, puis parsemez de fromage râpé. Faites griller la pizza au four 3 ou 4 minutes pour faire fondre le fromage, puis servez.

• Par portion : 331 Calories – Protéines : 10 g – Glucides : 49 g – Lipides : 12 g (dont 4 g de graisses saturées) – Fibres : 3 g – Sucres ajoutés : 6 g – Sel : 0,89 g.

C'est à l'huile de sésame que ce plat doit son léger goût
de noisette et sa faible teneur en graisses saturées.

Nouilles chinoises
au sésame

Pour 2 personnes
Préparation et cuisson : 10 min

- 250 g de tofu
- 2 cuill. à soupe de sauce soja
- 1 cuill. à soupe d'huile de sésame
- 1 gousse d'ail
- 1 morceau de gingembre de 3 cm
- 300 g de légumes verts
(pois gourmands et *bok choï,*
par exemple)
- 300 g de nouilles chinoises
aux œufs fraîches
- 1 cuill. à soupe de graines de sésame

1   Égouttez le tofu puis coupez-le en dés. Arrosez-le de 1 cuillerée à soupe de sauce soja et 1 cuillerée à café d'huile de sésame et mélangez délicatement. Émincez l'ail et le gingembre. Faites chauffer le reste d'huile dans un wok, puis laissez revenir les légumes avec l'ail et le gingembre pendant 2 minutes, jusqu'à ce que les feuilles commencent à faner. Arrosez avec 2 cuillerées à soupe d'eau, puis prolongez la cuisson de 1 minute.

2   Ajoutez les nouilles, les graines de sésame et la marinade du tofu, et faites sauter le tout pendant 2 minutes. Incorporez le tofu, arrosez avec la cuillerée à soupe de sauce soja restante et couvrez. Laissez sur le feu pendant 1 minute pour que le tofu soit bien chaud, puis mélangez délicatement l'ensemble des ingrédients.

3   Répartissez les nouilles dans deux bols ou assiettes creuses et assaisonnez éventuellement avec un peu de sauce soja et d'huile de sésame.

• Par portion : 531 Calories – Protéines : 27 g – Glucides : 74 g – Lipides : 17 g (dont 2 g de graisses saturées) – Fibres : 5 g – Sucres ajoutés : 6 g – Sel : 3,35 g.

Rien ne vaut une grande tortilla pour un dîner en famille !

Tortilla aux épinards

Pour 8 personnes
Préparation et cuisson : 30 min

- 400 g de feuilles d'épinards
- 1 gros oignon
- 3 cuill. à soupe d'huile d'olive
- 2 grosses pommes de terre cuites
- 10 œufs
- sel et poivre du moulin

1   Faites bouillir de l'eau. Mettez les épinards dans une grosse passoire puis versez lentement l'eau bouillante dessus, jusqu'à ce que les feuilles fanent. Passez-les ensuite sous l'eau froide, puis pressez-les bien pour éliminer tout le liquide et réservez.

2   Émincez l'oignon. Faites chauffer l'huile dans une poêle et faites revenir l'oignon à feu doux pendant 10 minutes.

3   Préchauffez le gril du four à température maximale. Pendant que l'oignon est en train de blondir, pelez les pommes de terre puis coupez-les en fines rondelles. Battez les œufs dans un saladier, salez et poivrez. Ajoutez les épinards et les pommes de terre dans la poêle, mélangez bien, puis versez dessus les œufs battus. Laissez cuire l'omelette en remuant de temps en temps jusqu'à ce que les œufs prennent, puis glissez la poêle sous le gril pour que l'omelette soit cuite à cœur. Retournez l'omelette sur une planche à découper, coupez-la en huit et servez.

- Par portion : 209 Calories – Protéines : 12 g – Glucides : 11 g – Lipides : 13 g (dont 3 g de graisses saturées) – Fibres : 2 g – Sucres ajoutés : 2 g – Sel : 0,46 g.

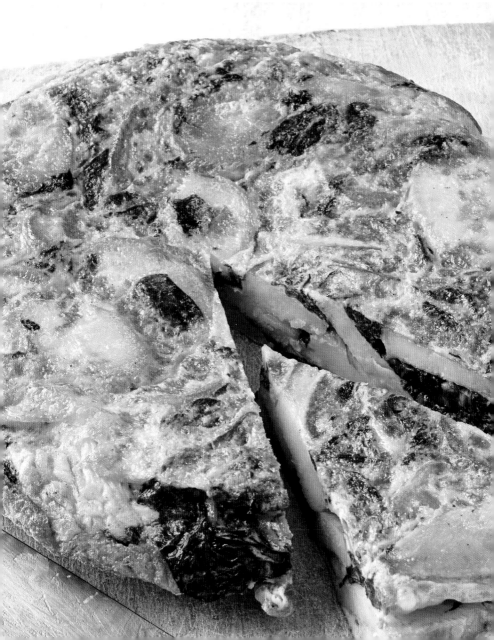

Il suffit d'un peu de fromage pour égayer ce plat nourrissant
et peu gras, idéal avec une salade verte bien croquante.

Gnocchis au chèvre et à la courge

Pour 4 personnes
Préparation et cuisson : 35 min

- 450 g de courge
- 1 gousse d'ail
- 2 cuill. à soupe d'huile d'olive
- 500 g de gnocchis de pommes de terre frais
- 200 g de pousses d'épinards
- 100 g de chèvre frais
- sel et poivre du moulin

1 Préchauffez le four à 200 °C (therm. 6-7). Pelez et coupez la courge en morceaux. Versez la courge et l'ail dans un plat allant au four. Arrosez d'huile d'olive, salez, poivrez et mélangez bien. Enfournez et laissez cuire 20 minutes, en remuant le plat à mi-cuisson, jusqu'à ce que la courge soit tendre et dorée.

2 Pendant ce temps, faites cuire les gnocchis. Quelques minutes avant la fin de la cuisson, ajoutez les pousses d'épinards, puis égouttez le tout. Versez les gnocchis et les épinards dans le plat de courge rôtie, mélangez délicatement l'ensemble en écrasant la gousse d'ail ramollie. Dressez sur quatre assiettes chaudes, parsemez de chèvre frais émietté et servez.

• Par portion : 333 Calories – Protéines : 11 g – Glucides : 53 g – Lipides : 10 g (dont 4 g de graisses saturées) – Fibres : 5 g – Sucres ajoutés : 8 g – Sel : 1,76 g.

Cette recette riche en fibres change agréablement
de la soupe de pâtes habituelle...

Soupe de pâtes aux légumes

Pour 4 personnes
Préparation et cuisson : 30 min

- 1 gros oignon
- 2 carottes
- 1 gousse d'ail
- 1 cuill. à soupe d'huile d'olive
- 400 g de tomates concassées en conserve
- 1 l de bouillon de légumes
- 200 g de petits pois et autres légumes surgelés
- 250 g de *tortellini* ou autres pâtes fraîches farcies, sans viande
- 1 poignée de feuilles de basilic (facultatif)
- sel et poivre du moulin

POUR SERVIR
- parmesan râpé
- pain (facultatif)

1 Hachez finement l'oignon, émincez les carottes et pressez l'ail. Faites chauffer l'huile dans une poêle, faites revenir les carottes et l'oignon pendant 5 minutes. Ajoutez les tomates et l'ail puis mouillez avec le bouillon. Portez à ébullition, laissez frémir pendant 10 minutes et ajoutez les légumes surgelés au bout de 5 minutes.

2 Lorsque les légumes sont tendres, incorporez les pâtes. Portez à nouveau à ébullition, puis laissez frémir pendant 2 minutes. Incorporez le basilic haché, si vous le souhaitez. Salez et poivrez, puis servez cette soupe dans des assiettes creuses parsemée de parmesan râpé et accompagnée éventuellement de pain grillé.

• Par portion : 286 Calories – Protéines : 11 g – Glucides : 44 g – Lipides : 9 g (dont 3 g de graisses saturées) – Fibres : 6 g – Sucres ajoutés : 11 g – Sel : 0,88 g.

Très populaires dans les pays du Moyen-Orient,
les falafels sont pauvres en sel et en graisses saturées.

Falafels

Pour 4 personnes
Préparation et cuisson : 15 min

- 400 g de pois chiches en conserve
- 1 oignon rouge
- 1 gousse d'ail
- 1 poignée de persil plat ou frisé
- 1 cuill. à café de coriandre en poudre
- 1 cuill. à café de cumin en poudre
- 1/2 cuill. à café de harissa
ou de piment en poudre
- 2 cuill. à soupe de farine
- 2 cuill. à soupe d'huile de tournesol
- sel

POUR SERVIR
- 4 pains pitas grillés
- 200 g de tomates en salade
- salade verte

1   Rincez les pois chiches, égouttez-les puis séchez-les avec du papier absorbant. Hachez grossièrement l'oignon et l'ail. Versez les pois chiches dans le bol d'un robot avec l'oignon, l'ail, le persil, la coriandre, les épices, la farine et un peu de sel. Mixez jusqu'à l'obtention d'une pâte assez homogène, façonnez quatre boulettes puis aplatissez-les avec la paume de la main.

2   Faites chauffer l'huile dans une poêle antiadhésive et faites frire les falafels à feu vif 3 minutes de chaque côté, jusqu'à ce qu'ils soient bien dorés. Glissez chaque falafel dans 1 pain pita grillé, puis servez avec une salade de tomates et une feuille de salade verte.

• Par portion : 161 Calories – Protéines : 6 g – Glucides : 18 g – Lipides : 8 g (dont 1 g de graisses saturées) – Fibres : 3 g – Sucres ajoutés : 1 g – Sel : 0,36 g.

Riche en fibres et pauvres en sel, en lipides et en graisses saturées,
ce savoureux tajine est excellent pour la santé !

Tajine de légumes aux pois chiches

Pour 4 personnes
Préparation et cuisson : 30 min

- 2 oignons
- 2 tomates
- 2 grosses courgettes
- 2 cuill. à soupe d'huile d'olive
- 400 g de pois chiches en conserve
- 1/2 cuill. à café de cannelle en poudre
- 1/2 cuill. à café de coriandre en poudre
- 1/2 cuill. à café de cumin en poudre
- 4 cuill. à soupe de raisins secs
- 40 cl de bouillon de légumes
- 300 g de petits pois surgelés

POUR SERVIR
- coriandre fraîche

1   Hachez les oignons et les tomates. Coupez les courgettes en morceaux. Laissez chauffer l'huile dans une sauteuse, puis faites-y revenir les oignons pendant 5 minutes. Rincez les pois chiches puis égouttez-les. Incorporez les épices, puis ajoutez les courgettes, les tomates, les pois chiches, les raisins secs, mouillez avec le bouillon et portez à ébullition. Couvrez et laissez frémir pendant 10 minutes.

2   Ajoutez les petits pois dans la sauteuse et prolongez la cuisson de 5 minutes. Ciselez les feuilles de coriandre, parsemez-en le tajine puis servez sans attendre.

• Par portion : 264 Calories – Protéines : 12 g – Glucides : 36 g – Lipides : 9 g (dont 1 g de graisses saturées) – Fibres : 9 g – Sucres ajoutés : 19 g – Sel : 0,52 g.

Un plat aigre-doux, légèrement épicé,
et pauvre en graisses : un régal !

Nouilles chinoises
aux légumes sautés

Pour 4 personnes
Préparation et cuisson : 15 min

- 250 g de nouilles chinoises aux œufs
- 1 cuill. à soupe de concentré de tomates
- 2 cuill. à soupe de sauce soja
- 2 cuill. à soupe de sauce pimentée sucrée
- 1 cuill. à soupe d'huile de tournesol
- 1 morceau de gingembre de 3 cm
- 300 g de légumes sautés à la chinoise surgelés

1 Portez une casserole d'eau à ébullition et plongez-y les nouilles. Laissez reprendre l'ébullition, puis faites cuire les nouilles pendant 4 minutes et égouttez-les bien.

2 Dans un bol, diluez le concentré de tomates, la sauce soja et la sauce pimentée sucrée avec 15 cl d'eau.

3 Faites chauffer l'huile dans une grande poêle ou un wok et faites revenir le gingembre et les légumes pendant 2 minutes. Incorporez les nouilles et la sauce puis prolongez la cuisson de 2 ou 3 minutes, jusqu'à ce que l'ensemble soit brûlant.

• Par portion : 304 Calories – Protéines : 10 g – Glucides : 51 g – Lipides : 8 g (dont 1 g de graisses saturées) – Fibres : 3 g – Sucres ajoutés : 6 g – Sel : 2,2 g.

Une fois dégraissé, le bœuf peut être intégré dans un repas de régime, par exemple dans cette délicieuse salade d'inspiration moyen-orientale.

Salade de panais au bœuf

Pour 2 personnes

Préparation et cuisson : 20 min

- 250 g environ de filet de bœuf, paré
- 2 panais
- 4 dattes
- 150 g de jeunes pousses de salade
- sel et poivre du moulin

POUR LA SAUCE

- 3 cuill. à soupe de crème fraîche légère
- 2 cuill. à café de sauce au raifort
- un peu de jus de citron fraîchement pressé

POUR SERVIR

- 1 poignée de feuilles de menthe fraîches

1 Faites chauffer un gril sur feu vif. Salez et poivrez le steak. Quand le gril est bien chaud, saisissez-le de 1 minute 30 à 2 minutes 30 de chaque côté si vous l'aimez saignant, 4 minutes si vous l'aimez à point. Retirez-le du gril et laissez-le reposer 5 minutes avant de le couper en fines lamelles.

2 Pelez et détaillez les panais en julienne, ou râpez-les grossièrement. Dénoyautez les dattes et coupez-les en quatre dans le sens de la longueur.

3 Préparez la sauce : fouettez la crème fraîche avec la sauce au raifort et le jus de citron dans un saladier.

4 Incorporez les panais et les dattes dans le saladier puis mélangez bien l'ensemble. Répartissez les jeunes pousses de salade dans deux assiettes, garnissez avec la salade de panais, et ajoutez quelques lamelles de steak. Parsemez de menthe fraîche et servez.

• Par portion : 474 Calories – Protéines : 35 g – Glucides : 60 g – Lipides : 11 g (dont 5 g de graisses saturées) – Fibres : 10 g – Sucres ajoutés : 46 g – Sel : 0,42 g.

Un plat unique parfumé et riche en fibres qui réjouira parents et amis.
Vous pouvez facilement doubler les quantités si vous êtes nombreux.

Ragoût d'agneau
à la menthe

Pour 4 personnes

Préparation et cuisson : 30 min

- 350 g de gigot d'agneau
- 1 cuill. à soupe de farine, salée et poivrée
- 1 cuill. à soupe d'huile de tournesol
- 4 échalotes
- 2 poireaux
- 4 carottes
- 400 g de pommes de terre
- 70 cl de bouillon de volaille
- 300 g de petits pois surgelés

POUR SERVIR
- 1 poignée de feuilles de menthe

1   Coupez l'agneau en dés, puis farinez-le. Faites chauffer la moitié de l'huile dans une grande cocotte et saisissez la viande à feu vif pendant 2 minutes. Transférez-la sur un plat. Coupez les échalotes en quatre, les poireaux et les carottes en rondelles et les pommes de terre en dés. Faites revenir les échalotes, les poireaux, les carottes et les pommes de terre pendant quelques minutes dans le reste d'huile.

2   Mouillez avec le bouillon, en raclant bien le fond pour décoller ce qui a attaché, puis laissez mijoter pendant 10 minutes, jusqu'à ce que les légumes soient pratiquement cuits. Incorporez l'agneau et les petits pois puis prolongez la cuisson de 4 minutes, jusqu'à ce que les légumes soient tendres. Parsemez de feuilles de menthe et servez.

• Par portion : 357 Calories – Protéines : 28 g – Glucides : 37 g – Lipides : 12 g (dont 4 g de graisses saturées) – Fibres : 10 g – Sucres ajoutés : 11 g – Sel : 1,38 g.

Ces croquettes légères sont parfaites à l'apéritif ou en entrée,
avant un plat indien par exemple.

Croquettes de crevettes

Pour 6 personnes
Préparation et cuisson : 30 min

- 3 tranches de pain de mie
- 2 échalotes
- 1 gousse d'ail
- 400 g de crevettes crues décortiquées
- 1 bonne pincée de muscade fraîche râpée
- 1 gros œuf
- 2 cuill. à soupe d'huile de tournesol
- sel et poivre du moulin

POUR LA SAUCE
- 1 poivron vert
- 1 piment vert
- 1 morceau de gingembre de 3 cm
- 2 gousses d'ail
- 40 g de coriandre fraîche
- 1 cuill. à café de sucre en poudre
- 2 cuill. à café de vinaigre de malt (ou de vinaigre de vin)
- le jus de 1 petit citron

1   Coupez les tranches de pain et les échalotes en deux. Pressez l'ail. Mettez tous les ingrédients des croquettes, sauf l'huile, dans le bol d'un robot. Salez et poivrez légèrement, puis mixez jusqu'à l'obtention d'une pâte homogène. Façonnez 12 à 18 croquettes assez plates, couvrez-les et mettez-les au réfrigérateur jusqu'au moment de les cuire (24 heures au maximum).

2   Préparez la sauce. Épépinez le poivron et le piment. Lavez le bol du robot, puis mixez tous les ingrédients de la sauce jusqu'à l'obtention d'une sauce vert vif encore fluide. Salez, poivrez, puis transférez dans un bol de service. Placez ce dernier au réfrigérateur.

3   Juste avant de servir, faites frire les croquettes dans l'huile pendant quelques minutes de chaque côté, jusqu'à ce qu'elles soient bien dorées. Elles doivent être assez fermes, beaucoup moins souples que des croquettes de pommes de terre. Disposez-les sur un plat de service avec le bol de sauce.

• Par portion : 153 Calories – Protéines : 15 g – Glucides : 11 g – Lipides : 6 g (dont 1 g de graisses saturées) – Fibres : 1 g – Sucres ajoutés : 2 g – Sel : 0,61 g.

Une soupe de saison élégante et saine, idéale pour bien commencer un dîner de fête en hiver.

Velouté de courge au porto

Pour 4 personnes

Préparation et cuisson : 40 min

- 1 gros oignon
- 1 kg de courge
- 2 cuill. à soupe d'huile d'olive
- 4 cuill. à soupe de porto sec
- 60 cl de bouillon de légumes

POUR SERVIR (facultatif)
- croûtons
- persil plat

1 Émincez l'oignon. Pelez la courge et coupez-la en morceaux. Mettez l'huile à chauffer dans une sauteuse et faites-y revenir l'oignon pendant 5 minutes. Ajoutez la courge, mouillez avec le porto et faites revenir pendant 1 ou 2 minutes. Versez le bouillon, puis couvrez et laissez mijoter pendant 20 minutes, jusqu'à ce que la courge soit tendre lorsque vous la piquez avec un couteau.

2 Mixez à l'aide d'un robot jusqu'à l'obtention d'un velouté homogène. Au moment de servir, réchauffez la soupe jusqu'à ce qu'elle frémisse puis servez-la, éventuellement garnie de croûtons et d'un brin de persil.

• Par portion : 183 Calories – Protéines : 4 g – Glucides : 26 g – Lipides : 6 g (dont 1 g de graisses saturées) – Fibres : 5 g – Sucres ajoutés : 15 g – Sel : 0,22 g.

Ce plat végétarien très sain apporte quatre des cinq portions quotidiennes de fruits et légumes recommandées.

Crumble de haricots secs au potiron

Pour 6 personnes
Préparation et cuisson : 2 h 45
(+ 1 nuit de trempage)

- 350 g de haricots blancs secs
- 2 oignons
- 4 gousses d'ail
- 1 ou 2 piments rouges
- 700 g de potiron
- 4 cuill. à soupe d'huile d'olive
- 700 g de coulis de tomates
- 1 bouquet garni séché
- 40 cl de vin blanc
- 40 cl de bouillon de légumes
- sel et poivre du moulin

POUR LE CRUMBLE
- 50 g de chapelure
- 25 g de noix hachées finement
- 1 cuill. à soupe de romarin ciselé
- 4 cuill. à soupe de persil ciselé

1   La veille, mettez les haricots à tremper dans de l'eau froide. Rincez-les, transférez-les dans une grande casserole, puis recouvrez-les d'eau. Portez à ébullition, baissez le feu et laissez-les cuire pendant 1 heure à demi-couvert. Égouttez-les.

2   Émincez les oignons et l'ail. Épépinez et émincez le piment. Pelez, égrainez et coupez en morceaux le potiron. Faites chauffer 2 cuillerées à soupe d'huile dans une grande poêle, versez-y les oignons émincés et laissez-les frire pendant 10 minutes. Ajoutez l'ail, le piment, le coulis de tomates, le bouquet garni, le vin blanc et le bouillon de légumes. Salez et poivrez, puis portez à ébullition. Baissez le feu et laissez mijoter pendant 20 minutes à découvert. Incorporez ensuite le potiron au mélange et prolongez la cuisson de 20 minutes. Préchauffez le four à 180 °C (therm. 6). Faites revenir les haricots dans la sauce, puis transférez-les dans un plat à gratin.

3   Préparez le crumble. Mélangez la chapelure, les noix, le romarin et le persil avec l'huile restante, puis recouvrez les haricots de ce mélange. Enfournez et laissez cuire pendant 30 minutes.

• Par portion : 428 Calories – Protéines : 17 g – Glucides : 62 g – Lipides : 12 g (dont 2 g de graisses saturées) – Fibres : 13 g – Sucres ajoutés : 18 g – Sel : 0,93 g.

Le lapin, viande maigre par excellence,
est une bonne option pour un dîner hivernal.

Lapin aux pommes boulangères et aux champignons

Pour 4 personnes
Préparation et cuisson : 2 h 15

- 250 g de champignons de Paris
- 3 cuill. à soupe d'huile d'olive
- 1 lapin prêt à cuire, coupé en morceaux
- 3 oignons
- 1 kg de pommes de terre
- 1 cuill. à soupe de romarin frais
- 60 cl de bouillon de volaille
- sel et poivre du moulin

1 Préchauffez le four à 180 °C (therm. 6). Émincez les champignons. Faites chauffer l'huile dans une cocotte allant au four, puis faites revenir le lapin à feu vif. Transférez les morceaux de lapin saisis sur une assiette, puis faites sauter les champignons dans la cocotte. Transférez-les sur une autre assiette et retirez la cocotte du feu.

2 Émincez les oignons. Coupez les pommes de terre en fines rondelles, puis disposez la moitié d'entre elles au fond de la cocotte. Salez et poivrez, puis couvrez avec la moitié des oignons, des champignons et du romarin haché. Disposez ensuite les morceaux de lapin, puis couvrez avec le reste d'oignons, des champignons et du romarin et terminez par une couche de pommes de terre. Mouillez avec le bouillon et badigeonnez les pommes de terre d'huile d'olive.

3 Remettez la cocotte sur le feu, portez à ébullition, puis couvrez et enfournez pour 75 minutes. Découvrez et enfournez de nouveau à 220 °C (therm. 7-8) pour 30 minutes.

• Par portion : 544 Calories – Protéines : 42 g – Glucides : 58 g – Lipides : 18 g (dont 4 g de graisses saturées) – Fibres : 7 g – Sucres ajoutés : 11 g – Sel : 1,04 g.

*Les mûres se marient à merveille avec le gibier,
viande maigre et très parfumée.*

Steaks de chevreuil à la mûre

Pour 4 personnes
Préparation et cuisson : 25 min

- 1 cuill. à soupe d'huile d'olive
- 2 steaks épais ou 4 médaillons de chevreuil
- 1 gousse d'ail
- 1 cuill. à soupe de vinaigre balsamique
- 15 cl de bouillon de bœuf
- 2 cuill. à soupe de gelée de cassis
- 100 g de mûres fraîches ou surgelées

POUR SERVIR
- purée de pommes de terre ou de céleri-rave
- brocolis (facultatif)

1 Faites chauffer l'huile et saisissez les steaks de chevreuil pendant 5 minutes, puis retournez-les et prolongez la cuisson de 3 à 5 minutes, selon l'épaisseur de la viande et la façon dont vous l'aimez. Retirez les steaks de la poêle et réservez.

2 Pressez l'ail. Déglacez la poêle avec le vinaigre et le bouillon, ajoutez la gelée de cassis et l'ail. Remuez en chauffant à feu assez vif pour bien mélanger le tout, puis ajoutez les mûres et prolongez la cuisson jusqu'à ce qu'elles ramollissent. Servez cette sauce avec les steaks de chevreuil accompagnés de purée de pommes de terre ou de céleri-rave et, si vous le souhaitez, de brocolis.

- Par portion : 182 Calories – Protéines : 28 g – Glucides : 7 g – Lipides : 5 g (dont 1 g de graisses saturées) – Fibres : 1 g – Sucres ajoutés : 7 g – Sel : 0,24 g.

Riche en fer et en vitamine C, ce plat de pâtes apporte l'une des cinq
portions quotidiennes de fruits et de légumes recommandées.

Spaghettis aux saint-jacques

Pour 4 personnes
Préparation et cuisson : 25 min

- 12 noix de saint-jacques
- 500 g de spaghettis
- 3 cuill. à soupe d'huile d'olive
vierge extra
- une bonne pincée
de piment en poudre
- 2 gousses d'ail
- 85 g de chorizo
- 1 poivron rouge
- 1 poivron orange
- 1 petit bouquet de persil plat
- sel et poivre du moulin

1   Parez les noix de saint-jacques et détachez éventuellement le corail de la chair.

2   Faites cuire les spaghettis, puis égouttez-les bien. Arrosez-les d'huile d'olive, ajoutez le piment, salez, poivrez et mélangez bien. Transférez-les sur un plat de service et réservez-les au chaud.

3   Émincez l'ail, puis coupez le chorizo et les poivrons en morceaux. Mettez une poêle à chauffer et faites-y revenir le chorizo à feu doux, jusqu'à ce que le gras commence à fondre, puis augmentez le feu. Ajoutez les poivrons et l'ail et faites sauter le tout pendant 3 ou 4 minutes. Salez, poivrez et mélangez ces légumes avec les spaghettis.

4   Remettez la poêle sur le feu et faites sauter les saint-jacques à feu vif pendant 1 ou 2 minutes de chaque côté, jusqu'à ce que la chair blanche soit dorée. Ajoutez les saint-jacques et le persil grossièrement haché aux spaghettis, mélangez délicatement et servez 3 noix de saint-jacques par assiette.

• Par portion : 584 Calories – Protéines : 38 g – Glucides : 75 g – Lipides : 17 g (dont 3 g de graisses saturées) – Fibres : 2 g – Sucres ajoutés : 7 g – Sel : 0,93 g.

Cette recette appétissante est prête en seulement 20 minutes !
Le saumon est riche en oméga-3 mais pauvre en graisses saturées.

Saumon et sauce à l'estragon

Pour 2 personnes
Préparation et cuisson : 20 min

- 1 cuill. à soupe d'huile d'olive
- 2 filets de saumon d'environ 140 g chacun avec la peau
- 125 g de pointes d'asperge
- 2 grappes de tomates cerises

POUR SERVIR
- 1 cuill. à soupe d'estragon frais
- 15 cl de sauce hollandaise

1 Préchauffez le four à 200 °C (therm. 6-7). Faites chauffer l'huile à feu vif dans un plat allant au four et saisissez-y le saumon pendant 5 minutes, côté peau vers le bas, jusqu'à ce que la peau croustille.

2 Ajoutez les pointes d'asperge et les tomates cerises, puis enfournez et prolongez la cuisson au four pendant 7 à 10 minutes, jusqu'à ce que le saumon soit cuit à cœur mais pas trop.

3 Incorporez l'estragon haché à la sauce hollandaise puis mélangez bien. Nappez-en le saumon et les légumes puis servez.

• Par portion : 327 Calories – Protéines : 31 g – Glucides : 3 g – Lipides : 22 g (dont 4 g de graisses saturées) – Fibres : 2 g – Sucres ajoutés : 3 g – Sel : 0,18 g.

Servez ce plat léger avec du riz safrané et une salade,
vos amis s'en régaleront !

Filet de porc au sirop d'érable

Pour 4 personnes
Préparation et cuisson : 30 min

- 2 filets de porc d'environ 300 g chacun
- 1 cuill. à soupe de farine
- 2 cuill. à soupe d'huile d'olive
- 1 oignon rouge
- 20 cl de bouillon de légumes
- 2 cuill. à soupe de sirop d'érable
- 2 cuill. à soupe de moutarde à l'ancienne
- le jus de 1 citron
- sel et poivre du moulin

POUR SERVIR
- quelques brins de persil (facultatif)

1 Coupez le porc en tranches de 3 cm d'épaisseur, salez, poivrez puis farinez légèrement (la méthode la plus simple consiste à mettre la farine assaisonnée dans un sac plastique, à ajouter la viande et à bien secouer le tout). Faites chauffer l'huile dans une grande poêle antiadhésive et faites revenir le porc à feu vif jusqu'à ce qu'il soit doré de toutes parts. Transférez la viande sur une assiette et couvrez d'une feuille d'aluminium.

2 Émincez l'oignon, faites-le blondir pendant 5 minutes dans la poêle, puis mouillez avec le bouillon et portez à ébullition. Laissez cuire à gros bouillons pendant quelques minutes pour faire réduire un peu la sauce, puis ajoutez le sirop d'érable, la moutarde, le jus de citron et portez à nouveau à ébullition en remuant l'ensemble.

3 Remettez le porc dans la poêle et laissez mijoter le tout pendant 3 ou 4 minutes, jusqu'à ce qu'il soit cuit à cœur. Servez éventuellement parsemé de persil frais.

- Par portion : 327 Calories – Protéines : 35 g – Glucides : 11 g – Lipides : 16 g (dont 4 g de graisses saturées) – Fibres : 1 g – Sucres ajoutés : 7 g – Sel : 0,58 g

Faire rôtir le poisson sur un lit de légumes permet
de le parfumer tout en évitant qu'il se dessèche.

Bar rôti à la sauce romesco

Pour 6 personnes
Préparation et cuisson : 1 h

- 4 poivrons rouges
- 2 poivrons jaunes
- 5 grosses tomates
- 1 oignon rouge
- 4 gousses d'ail non pelées
- 4 cuill. à soupe d'huile d'olive
- 2 citrons
- 2 bars de 1 kg chacun, vidés et écaillés
- 2 grosses poignées d'herbes fraîches (thym et romarin par exemple)
- 2 cuill. à café de vinaigre balsamique
- 50 g de noisettes entières grillées
- sel et poivre du moulin

1 Préchauffez le four à 220 °C (therm. 7-8). Coupez les poivrons en gros morceaux, les tomates en deux et l'oignon en quartiers. Versez les légumes et l'ail dans un plat allant au four, salez, poivrez, arrosez d'huile d'olive et mélangez bien l'ensemble. Faites rôtir les légumes pendant 20 minutes.

2 Coupez le citron en fines rondelles. Séchez chaque poisson avec du papier absorbant, puis incisez la peau. Salez et poivrez les entrailles, puis fourrez-les avec le citron et la moitié des herbes. Posez les 2 bars sur les légumes rôtis, arrosez d'un filet d'huile d'olive, parsemez des herbes restantes et enfournez pour 20 à 25 minutes. Le bar est cuit lorsque les filets dorsaux se détachent facilement.

3 Transférez les poissons et la moitié des légumes sur un plat de service et couvrez avec du papier d'aluminium. Mettez les légumes restants et le jus de cuisson dans le bol d'un robot, ajoutez le vinaigre et les noisettes et mixez jusqu'à l'obtention d'une sauce homogène. Rectifiez l'assaisonnement, si nécessaire. Détachez les filets de poisson de l'arête centrale et servez-les avec les légumes rôtis et la sauce romesco.

• Par portion : 457 Calories – Protéines : 47 g – Glucides : 15 g – Lipides : 24 g (dont 3 g de graisses saturées) – Fibres : 4 g – Sucres ajoutés : 13 g – Sel : 0,43 g.

Bien que simple et rapide à préparer, le filet de porc
farci épatera vos invités, et ce en toute légèreté !

Filet de porc aux abricots secs

Pour 2 personnes
Préparation et cuisson : 25 min

- 1 cuill. à café de graines de cumin
- 100 g d'abricots secs
- 400 g de filet de porc
- 1 cuill. à soupe d'huile de tournesol
- 15 cl de marsala,
de madère ou de porto
- 1 brin de romarin frais
- sel et poivre du moulin

POUR SERVIR
- pommes de terre
- salade verte (facultatif)

1 Préchauffez le four à 200 °C (therm. 6-7). Faites légèrement griller le cumin à sec dans une poêle, puis versez-le dans le bol d'un robot avec les abricots et mixez de façon à hacher le tout mais sans rendre la préparation complètement homogène. Coupez profondément le filet de porc en deux dans le sens de la longueur, mais sans traverser, puis ouvrez-le comme un livre. Salez, poivrez, puis étalez la farce aux abricots, refermez le filet et ficelez-le.

2 Faites chauffer l'huile dans une cocotte et saisissez la viande de toutes parts pendant 5 minutes. Transférez le porc dans un plat allant au four et couvrez-le avec une feuille d'aluminium. Faites rôtir la viande de 10 à 15 minutes.

3 Déglacez la poêle avec le vin. Ajoutez le romarin, portez à ébullition, puis laissez frémir pour faire réduire la sauce. Sortez le filet de porc du four et laissez-le reposer 5 minutes avant de retirer la ficelle et de le découper en tranches épaisses. Ajoutez le jus de cuisson à la sauce au vin, rectifiez l'assaisonnement, si nécessaire, puis versez-la sur le rôti et servez accompagné de pommes de terre et, si vous le souhaitez, de salade.

• Par portion : 428 Calories – Protéines : 46 g – Glucides : 24 g – Lipides : 14 g (dont 3 g de graisses saturées) – Fibres : 3 g – Sucres ajoutés : 23 g – Sel : 0,37 g.

Servez ce plat avec une salade et une raïta au concombre.

Aubergines farcies à l'agneau

Pour 4 personnes
Préparation et cuisson : 1 h 30

- 4 petites aubergines
- huile végétale

POUR LA FARCE
- 1 gros oignon
- 4 gousses d'ail
- 1 ou 2 piments verts ou rouges
- 1 cuill. à soupe d'huile d'olive
- 1 cuill. à café de sucre
- 2 cuill. à soupe de raisins secs
- 2 cuill. à soupe de pignons
- 1 cuill. à soupe de cannelle en poudre
- 1 cuill. à soupe de *garam masala*
- 1 cuill. à café de curcuma
- 200 g d'agneau maigre haché
- 1 petit bouquet de coriandre fraîche
- 2 tomates
- sel et poivre du moulin

POUR SERVIR
- quartiers de citron (facultatif)

1 Préchauffez le four à 200 °C (therm. 6-7).
Préparez la farce. Hachez l'oignon, l'ail et les piments.
Faites chauffer l'huile et laissez blondir l'oignon à feu doux pendant 5 minutes. Ajoutez l'ail et les piments et faites-les revenir pendant 1 minute, puis ajoutez le sucre, les raisins secs et les pignons. Prolongez la cuisson jusqu'à ce que les oignons soient dorés. Incorporez les épices, salez et poivrez.

2 Ajoutez l'agneau et la coriandre hachée à la préparation. Faites chauffer un filet d'huile végétale dans la cocotte et faites revenir les aubergines de 6 à 8 minutes, jusqu'à ce qu'elles soient tendres et dorées. Transférez-les dans un plat allant au four. Fendez-les latéralement puis farcissez-les avec l'agneau. Disposez enfin deux ou trois rondelles de tomate sur chaque aubergine, arrosez-les d'un filet d'huile d'olive et couvrez avec une feuille d'aluminium.

3 Enfournez pour 40 minutes, retirez l'aluminium et prolongez la cuisson de 10 minutes à découvert. Servez éventuellement avec des quartiers de citron.

• Par portion : 340 Calories – Protéines : 16 g – Glucides : 22 g – Lipides : 21 g (dont 4 g de graisses saturées) – Fibres : 6 g – Sucres ajoutés : 15 g – Sel : 0,14 g.

Cuisiner un poisson à la chinoise
est une façon simple de préparer un plat peu salé et peu gras,
mais riche en oméga-3 et en vitamine C.

Bar au gingembre

Pour 6 personnes
Préparation et cuisson : 20 min

• 6 filets de poisson blanc
d'environ 140 g chacun, avec la peau
• 3 cuill. à soupe d'huile de tournesol
• 1 morceau de gingembre de 4 cm
• 3 gousses d'ail
• 3 gros piments rouges frais
• 1 botte d'oignons nouveaux
• 1 cuill. à soupe de sauce soja
• sel et poivre du moulin

POUR SERVIR
• riz blanc
• légumes sautés

1   Salez et poivrez le poisson, puis pratiquez trois entailles dans la peau de chaque filet. Faites chauffer 1 cuillerée à soupe d'huile dans une cocotte à fond épais et saisissez les filets pendant 5 minutes, la peau vers le bas, jusqu'à ce qu'elle soit croustillante et dorée. Le poisson est alors presque cuit. Retournez-le et prolongez la cuisson de 30 secondes à 1 minute, puis transférez-le sur un plat de service et gardez-le au chaud (procédez en deux fois pour faire cuire les six filets).

2   Détaillez en fine julienne le gingembre pelé, l'ail, les piments et les oignons. Faites chauffer le reste d'huile, puis faites revenir le gingembre, l'ail et les piments pendant 2 minutes. Retirez du feu et ajoutez les oignons nouveaux. Arrosez le poisson avec la sauce soja, puis garnissez-le avec les légumes sautés. Servez avec du riz blanc et les légumes sautés de votre choix.

• Par portion : 202 Calories – Protéines : 28 g – Glucides : 2 g – Lipides : 9 g (dont 1 g de graisses saturées) – pas de fibres – Sucres ajoutés : 1 g – Sel : 0,26 g.

Des morceaux de poire juteuse légèrement alcoolisée
qui se cachent sous une fine croûte de chocolat… Un régal !

Poires en croûte de chocolat

Pour 4 personnes
Préparation et cuisson : 50 min

- 3 poires mûres
- le jus de 1/2 citron
- 1 cuill. à soupe de sucre blond en poudre
- 4 cuill. à café d'eau-de-vie de poire williams ou de cognac (facultatif)

POUR LA CROÛTE DE CHOCOLAT
- 50 g de sucre glace
- 1 cuill. à soupe de cacao en poudre
- 25 g d'amandes en poudre
- 1 blanc d'œuf

1   Préchauffez le four à 160 °C (therm. 5-6). Pelez et évidez les poires, puis coupez-les en petits morceaux et mettez-les dans une casserole avec le jus de citron et le sucre. Portez à ébullition, puis couvrez et prolongez la cuisson de 10 minutes. Découvrez, puis laissez cuire 8 à 10 de plus pour que le jus épaississe. Répartissez ensuite les poires dans quatre ramequins et, si vous le souhaitez, ajoutez 1 cuillerée à café d'eau-de-vie dans chacun.

2   Préparez la croûte de chocolat. Tamisez le sucre glace et le cacao dans un bol, puis incorporez les amandes en poudre. Dans un autre bol, montez le blanc d'œuf en neige ferme, puis mélangez-le aux autres ingrédients. Répartissez cette préparation sur les poires et secouez délicatement les ramequins pour lisser le dessus. Enfournez et laissez cuire de 20 à 25 minutes, jusqu'à ce que se forme une croûte ferme au toucher. Servez tiède ou froid.

• Par portion : 140 Calories – Protéines : 2 g – Glucides : 26 g – Lipides : 4 g (pas de graisses saturées) – Fibres : 2 g – Sucres ajoutés : 25 g – Sel : 0,03 g.

Idéales pour la Chandeleur, ou encore pour régaler des amis
à tout moment de l'année, ces crêpes sont incroyablement légères!

Crêpes Suzette

Pour 4 personnes

Préparation et cuisson : 15 min

- 4 crêpes cuites

POUR LE SIROP À L'ORANGE
- 100 g de sucre blond
- le jus de 2 oranges
  et le zeste de 1 orange
- 1 noix de beurre

POUR SERVIR (facultatif)
- quartiers d'orange
- crème fraîche légère

1   Préparez le sirop à l'orange. Versez le sucre dans un récipient allant au four à micro-ondes et mouillez avec 3 cuillerées à soupe de jus d'orange. Faites chauffer pendant 3 ou 4 minutes à puissance maximale, jusqu'à l'obtention d'un caramel bouillonnant. Sortez le bol du four (attention de ne pas vous brûler!), puis ajoutez le reste du jus d'orange, le zeste et le beurre. Renfournez, faites chauffer 1 minute à puissance maximale, mélangez, puis laissez cuire encore 1 minute, jusqu'à ce que le caramel soit bien dissous dans le jus et que la sauce soit sirupeuse. Réservez.

2   Réchauffez les crêpes dans une poêle antiadhésive. Servez-les pliées en quatre et nappées de sauce à l'orange, éventuellement garnies de 1 cuillerée à soupe de crème fraîche et de quartiers d'orange.

• Par portion : 254 Calories – Protéines : 5 g – Glucides : 51 g – Lipides : 5 g (dont 3 g de graisses saturées) – Fibres : 1 g – Sucres ajoutés : 31 g – Sel : 0,66 g.

Un dessert estival frais et coloré,
que vous pouvez relever avec une goutte de vodka
ou de liqueur d'orange, si vous le souhaitez.

Salade de fruits frais

Pour 4 personnes
Préparation et marinade : 15 min

- 1 melon de taille moyenne
- le zeste et le jus de 1 orange
- 2 cuill. à soupe de sucre roux
- 150 g de framboises

POUR SERVIR
- glace à la vanille
ou crème fraîche légère

1   Pelez le melon et coupez-le en morceaux.
Mettez les morceaux de melon dans un saladier,
arrosez de jus d'orange, incorporez le zeste
et le sucre, mélangez bien et laissez mariner
pendant 10 minutes, jusqu'à ce que le sucre
soit bien dissous.

2   Incorporez délicatement les framboises
et servez avec un peu de glace à la vanille
ou de crème fraîche.

• Par portion : 70 Calories – Protéines : 1 g –
Glucides : 17 g – Lipides : 0,3 g (pas de graisses saturées) –
Fibres : 2 g – Sucres ajoutés : 17 g – Sel : 0,05 g.

Ce dessert pauvre en graisses
est encore meilleur préparé à l'avance.

Fruits secs
au cognac

Pour 4 à 6 personnes
Préparation et cuisson : 20 min

• 85 g de sucre blond
ou roux en poudre
• 35 cl d'eau
• 1 bâton de cannelle
• 400 g de fruits secs divers
(pruneaux, abricots, dattes par exemple)
• 4 cuill. à soupe de cognac

POUR SERVIR
• crème fraîche ou glace
à la vanille (facultatif)

1   Versez le sucre dans une casserole
et mouillez avec l'eau bouillante. Incorporez
le bâton de cannelle cassé en deux et mélangez
pour dissoudre le sucre.

2   Ajoutez les fruits et le cognac, puis portez
à ébullition. Laissez frémir à demi-couvert pendant
15 minutes, puis retirez du feu. Laissez refroidir
pendant quelques minutes si vous servez
ce dessert chaud ou mettez-le au réfrigérateur
si vous le servez froid. Proposez éventuellement
de la glace à la vanille ou de la crème fraîche
en accompagnement.

• Par portion (pour 6 personnes) : 322 Calories –
Protéines : 3 g – Glucides : 72 g – Lipides : 1 g
(dont 0,1 g de graisses saturées) – Fibres : 6 g –
Sucres ajoutés : 24,8 g – Sel : 0,08 g.

Vous pouvez utiliser n'importe quels fruits
et sorbets pour préparer en un clin d'œil
ce dessert sans matières grasses.

Sorbet fizz

Pour 2 personnes
Préparation : 5 min

- 2 fraises
- 2 boules de sorbet à la framboise
- 10 cl d'eau gazeuse
- 1 cuill. à soupe de sirop de sureau

1   Coupez les fraises en morceaux.
Disposez-les au fond de verrines, puis ajoutez
1 boule de sorbet à la framboise.

2   Versez l'eau gazeuse sur le sirop
puis arrosez les verrines de ce mélange.
Dégustez sans attendre !

• Par portion : 136 Calories – Pas de protéines –
Glucides : 35 g – Pas de lipides, pas de graisses saturées –
Pas de fibres – Sucres ajoutés : 33 g – Sel : 0,04 g.

Une petite quantité de chocolat
pour un dessert exquis mais simplissime,
à faible teneur en lipides et en graisses saturées.

Muffins au chocolat

Pour 6 personnes
Préparation et cuisson : 25 min

- 2 cuill. à soupe d'huile de tournesol
- 1 cuill. à soupe de cacao en poudre
- 100 g de farine
- 1/2 cuill. à café de bicarbonate de soude
- 50 g de sucre blond
- 1 œuf
- 10 cl de lait écrémé

POUR LA SAUCE AU CHOCOLAT
- 300 g de crème anglaise allégée toute prête
- 25 g de chocolat noir

1 Préchauffez le four à 170 °C (therm. 5-6). Badigeonnez d'un peu d'huile les six alvéoles d'un moule à muffins. Tamisez le cacao dans un saladier, puis ajoutez les autres ingrédients secs. Mélangez bien, et creusez enfin un puits au centre.

2 Battez l'œuf avec le lait et le reste de l'huile, versez le tout au centre du saladier, puis remuez rapidement pour obtenir une pâte homogène. Répartissez la pâte dans les alvéoles du moule et enfournez pour 15 minutes, jusqu'à ce que les muffins soient bien gonflés et fermes au toucher.

3 Faites chauffer la crème anglaise, incorporez le chocolat finement haché hors du feu et remuez bien jusqu'à ce qu'il ait fondu. Démoulez les muffins et nappez-les de sauce au chocolat.

• Par portion : 215 Calories – Protéines : 5 g – Glucides : 32 g – Lipides : 8 g (dont 2 g de graisses saturées) – Fibres : 1 g – Sucres ajoutés : 17 g – Sel : 0,59 g.

Savez-vous que ces jolies meringues fruitées sont prêtes en quinze minutes et qu'elles ne contiennent pas de matières grasses ?

Meringues nappées de sorbet

Pour 4 personnes
Préparation : 15 min

- 250 g de compote de fruits surgelée
- 2 cuill. à soupe de sucre glace
- 200 g de fromage blanc allégé
- 100 g de myrtilles fraîches
- 1 ou 2 bananes
- 4 petites meringues

1 Laissez décongeler la compote de fruits dans le bol d'un mixeur pendant environ 10 minutes. Ajoutez le sucre glace et 2 cuillerées à soupe de fromage blanc, puis mixez jusqu'à l'obtention d'un mélange onctueux ayant la consistance d'un sorbet. Si la compote n'est pas assez décongelée, ajoutez éventuellement un peu d'eau et mixez de nouveau brièvement.

2 Épluchez les bananes et découpez-les en rondelles. Incorporez délicatement la majeure partie des bananes et des myrtilles dans la préparation. Mélangez bien l'ensemble puis répartissez le tout sur les meringues. Couvrez le sorbet de 1 cuillerée de fromage blanc, décorez de quelques myrtilles et de rondelles de bananes puis servez.

- Par portion : 175 Calories – Protéines : 5 g – Glucides : 40 g – Pas de lipides – Fibres : 2 g – Sucres ajoutés : 39 g – Sel : 0,21 g.

Préservez la saveur juteuse des grenades
dans ce dessert original sans matières grasses.

Sorbet à la grenade

Pour 8 personnes
Préparation : 40 min
Congélation : 4 h

• 450 g de sucre en poudre
• 60 cl d'eau bouillante
• 8 grenades

1   Versez le sucre dans un saladier et arrosez d'eau bouillante. Remuez pour dissoudre le sucre, laissez refroidir et réservez.

2   Pendant ce temps, pressez 7 grenades en appuyant fortement sur la peau pour écraser les graines qu'elles contiennent. Au-dessus d'un bol, incisez la peau avec un couteau et recueillez le jus qui s'en écoule. Mélangez ce jus avec le sirop de sucre et versez le tout dans une sorbetière. Laissez prendre le sorbet, puis transférez-le dans un récipient en plastique et mettez-le au congélateur. Si vous n'avez pas de sorbetière, versez le sirop de grenade dans un récipient que vous laissez au congélateur pendant 4 heures, en le mélangeant à la fourchette toutes les demi-heures, jusqu'à l'obtention d'une masse homogène ayant la consistance de la neige fondue, et laissez ensuite prendre complètement au congélateur. Servez ce sorbet parsemé de quelques graines de la grenade restante.

• Par portion : 305 Calories – Protéines : 2 g – Glucides : 78 g – Pas de lipides – Fibres : 6 g – Sucres ajoutés : 78 g – Sel : 0,01 g.

Délaissez les crumbles classiques au profit de cette variante
vite prête et bien meilleure pour la santé !

Crumble léger
au gingembre

Pour 4 personnes
Préparation et cuisson : 20 min

- 3 pommes à cuire
(par exemple belles de boskoop)
- 50 g d'abricots secs
- 4 cuill. à soupe de confiture
de gingembre, ou plus selon votre goût
- 250 g de fruits des bois surgelés
- 200 g de flocons d'avoine grillés
- 50 g de pignons

1   Préchauffez le gril du four à température maximale. Pelez et coupez les pommes en fines lamelles. Hachez grossièrement les abricots secs. Disposez les pommes et les abricots secs dans un plat allant au micro-ondes, puis ajoutez la confiture de gingembre et mouillez avec un peu d'eau. Couvrez avec du film alimentaire et faites chauffer à puissance maximale pendant 5 minutes, jusqu'à ce que les fruits commencent à ramollir. Incorporez les baies surgelées, couvrez à nouveau et prolongez la cuisson de 3 minutes, jusqu'à ce que les fruits des bois aient décongelé.

2   Mélangez les flocons d'avoine et les pignons, répartissez-les sur la préparation et faites-les dorer sous le gril du four pendant 2 minutes.

- Par portion : 421 Calories – Protéines : 9 g – Glucides : 60 g – Lipides : 18 g (dont 2 g de graisses saturées) – Fibres : 5 g – Sucres ajoutés : 38 g – Sel : 0,08 g.

Rien ne vaut ces fruits rafraîchissants pour terminer un repas.
Gorgé de vitamine C, ce dessert ne contient pas de graisses saturées.

Carpaccio d'ananas et de pamplemousse

Pour 4 personnes
Préparation : 10 min

- 1 ananas de taille moyenne
- 2 pamplemousses rosés
- 50 g de sucre blond en poudre
- 1 petit bouquet de menthe fraîche

POUR SERVIR
- yaourt nature (facultatif)

1 Coupez la base, le sommet et l'écorce de l'ananas avec un couteau bien tranchant. Détaillez-le ensuite en tranches très fines. Retirez la peau des pamplemousses ainsi que la peau blanche puis coupez-les en fines rondelles. Disposez les fruits sur un plat de service en conservant le jus qui s'en écoule, puis réservez.

2 Prélevez les feuilles du bouquet de menthe et pilez-les avec le sucre dans un mortier de façon à bien les mélanger. Saupoudrez les fruits de ce sucre à la menthe. Servez éventuellement avec du yaourt nature.

• Par portion : 168 Calories – Protéines : 2 g – Glucides : 42 g – Lipides : 1 g – Pas de graisses saturées – Fibres : 4 g – Sucres ajoutés : 41 g – Sel : 0,02 g.

Un dessert automnal d'inspiration italienne dépourvu de matières grasses.
Faute de macarons, des biscuits au gingembre feront l'affaire.

Poires rôties
aux macarons

Pour 4 personnes
Préparation et cuisson : 25 min

- 4 poires bien mûres
- 100 g de ricotta
- 1/2 cuill. à café de cannelle en poudre
- 4 cuill. à soupe de miel liquide
- 8 macarons secs

POUR SERVIR
- miel liquide

1 Préchauffez le four à 190 °C (therm. 6-7).
Coupez les poires en deux, retirez-en le cœur
avec une cuillère à café en agrandissant un peu
la cavité, puis disposez-les, face tranchée
vers le haut, sur une plaque de cuisson.
Déposez-y 1 bonne cuillerée à café de ricotta,
puis saupoudrez de cannelle et arrosez
d'un filet de miel.

2 Faites rôtir les poires pendant 10 minutes.
Pendant ce temps, mettez les macarons dans
un sachet en plastique et écrasez-les légèrement
avec un rouleau à pâtisserie. Sortez les poires
du four, puis parsemez-les de macarons émiettés
et remettez le plat au four pour une dizaine
de minutes, jusqu'à ce que les poires soient
tendres et les miettes de macaron dorées.
Servez arrosé d'un filet de miel.

• Par portion : 198 Calories – Protéines : 4 g –
Glucides : 39 g – Lipides : 4 g (dont 2 g de graisses
saturées) – Fibres : 4 g – Sucres ajoutés : 32 g –
Sel : 0,23 g.

Le granité à la mangue se marie très bien avec les fraises.
Particulièrement léger, ce dessert est très rafraîchissant.

Granité de mangue
à la vanille

Pour 8 personnes
Préparation : 30 min
Congélation : 4 h

- 1 gousse de vanille
- 140 g de sucre en poudre
- 2 mangues mûres à point

POUR SERVIR
- 300 g de fraises

1 Fendez la gousse de vanille en deux dans le sens de la longueur et mettez-la dans un bol avec le sucre. Portez 25 cl d'eau à ébullition, puis versez-la sur le sucre et remuez jusqu'à ce qu'il soit dissous. Laissez refroidir.

2 Pelez les mangues, retirez le noyau et déposez la chair dans le bol d'un robot. Mixez jusqu'à l'obtention d'une purée homogène, que vous incorporez dans le sirop de sucre vanillé. Retirez la gousse de vanille, versez la purée de mangue dans un récipient peu profond et mettez-la au congélateur jusqu'à ce qu'elle commence à prendre. Écrasez les cristaux qui se sont formés, puis remettez le granité au congélateur. Répétez l'opération trois fois jusqu'à ce que le sorbet ait la consistance de la neige. Servez avec les fraises coupées en morceaux.

• Par portion : 163 Calories – Protéines : 1 g – Glucides : 42 g – Pas de lipides – Fibres : 3 g – Sucres ajoutés : 41 g – Sel : 0,02 g.

Encore un dessert sans matières grasses qui épatera
vos convives avec son chaleureux parfum d'épices et de vin rouge.

Poires au vin

Pour 6 personnes

Préparation et cuisson : 40 à 50 min

- 1 gousse de vanille
- 75 cl de vin rouge
- 225 g de sucre en poudre
- 1 bâton de cannelle
- 1 brin de thym frais
- 6 poires

POUR SERVIR
- quelques brins de thym frais

1   Fendez la gousse de vanille en deux dans le sens de la longueur, puis raclez la pulpe et mettez-la dans une grosse cocotte avec le vin, le sucre, le bâton de cannelle coupé en deux et le thym. Recoupez chaque moitié de gousse de vanille en trois dans le sens de la longueur et ajoutez ces longs rubans fins dans la cocotte.

2   Pelez les poires, en conservant la queue et déposez-les dans la cocotte. Pochez-les à couvert pendant 20 à 30 minutes, en veillant qu'elles soient bien recouvertes de vin. Le temps de cuisson dépend du degré de maturité des poires, qui doivent être tendres à cœur en fin de cuisson (vérifiez avec la pointe fine d'un couteau). Vous pouvez faire pocher les poires jusqu'à 2 jours à l'avance. Dans ce cas, conservez-les au réfrigérateur jusqu'au moment de les servir.

3   Retirez les poires de la cocotte, puis portez le vin à ébullition pour qu'il réduise de moitié et devienne sirupeux. Servez les poires nappées de sirop refroidi, et décorez chaque coupe avec un ruban de vanille, un morceau de cannelle et un petit brin de thym frais.

• Par portion : 235 Calories – Pas de protéines – Glucides : 51 g – Pas de lipides – Fibres : 2 g – Sucres ajoutés : 51 g – Sel : 0,3 g.

Une version allégée du pudding à l'anglaise,
parfaite pour une froide journée d'hiver.

Pudding aux pommes et au caramel

Pour 6 personnes

Préparation et cuisson : 45 min

- 1,5 kg de pommes à cuire
- le zeste et le jus de 1 gros citron
- 4 ou 5 cuill. à soupe de sucre en poudre
- 175 g de sucre roux
- 50 g de beurre
- 2 cuill. à soupe de mélasse
- 10 tranches de pain de mie sans croûte
- sucre glace

POUR SERVIR
- crème anglaise (facultatif)

1 Préchauffez le four à 190 °C (therm. 6-7). Beurrez un plat allant au four. Évidez les pommes et coupez-les en lamelles. Mettez-les dans une cocotte avec le jus et le zeste de citron et 5 cuillerées à soupe d'eau. Portez à ébullition, couvrez et laissez cuire pendant 10 minutes. Incorporez le sucre en poudre et prolongez la cuisson à découvert de quelques minutes, jusqu'à ce que les fruits se décomposent.

2 Incorporez le sucre roux, le beurre, la mélasse et 3 cuillerées à soupe d'eau dans une casserole et portez à ébullition en remuant sans cesse jusqu'à ce que le sucre soit dissous. Laissez bouillir jusqu'à ce que ce mélange soit légèrement sirupeux et arbore la couleur du caramel.

3 Coupez les tranches de pain en deux. Plongez-les dans le caramel, puis tapissez-en le fond du plat allant au four. Versez ensuite la préparation à base de pommes, puis couvrez avec le reste du pain nappé de caramel. Saupoudrez de sucre glace. Enfournez et laissez cuire 25 minutes, jusqu'à ce que le pudding soit bien doré. Laissez refroidir légèrement avant de servir.

• Par portion : 397 Calories – Protéines : 4 g – Glucides : 83 g – Lipides : 8 g – Graisses saturées : 5 g – Fibres : 3 g – Sucres ajoutés : 63 g – Sel : 0,72 g.

Ce dessert léger et délicat est délicieux avec une boule
de sorbet à la vanille ou de glace au yaourt.

Pêches pochées
à l'eau de rose

Pour 6 personnes
Préparation et cuisson : 30 min

- 6 pêches mûres à point
- le jus de 1 ou 2 grosses oranges
- 2 cuill. à soupe d'eau de rose
- 100 g de sucre en poudre
- 2 bâtons de cannelle

1   Préchauffez le four à 220 °C (therm. 7-8).
Coupez les pêches en deux et dénoyautez-les.
Disposez-les dans un grand plat allant au four, face
coupée vers le haut, de façon qu'elles ne soient
pas trop serrées. Mélangez le jus d'orange avec
l'eau de rose et versez ce jus sur les pêches
avant de les saupoudrer généreusement de sucre.
Plus le plat est grand, plus le jus va s'évaporer
rapidement. Dans ce cas, pressez 2 oranges.

2   Ajoutez les bâtons de cannelle coupés
en plusieurs morceaux et enfournez pour
20 minutes, jusqu'à ce que les pêches soient
tendres. Vous pouvez aussi envelopper les pêches
dans une feuille d'aluminium et les faire cuire
au barbecue. Servez ces fruits tièdes ou bien frais.

• Par portion : 106 Calories – Protéines : 1 g –
Glucides : 27 g – Pas de lipides – Fibres : 2 g –
Sucres ajoutés : 27 g – Sel : 0,01 g.

Ce délicieux dessert fruité, sans matières grasses
et à faible teneur en sel, doit être servi dans de jolies verrines.

Sorbet aux groseilles

**Pour 4 personnes
(petites portions)**
Préparation : 40 min
Congélation : 4 h

- 450 g de groseilles
- 2 cuill. à soupe d'eau gazeuse
- quelques gouttes de sirop de sureau
- 140 g de sucre blond en poudre

1   Égrappez les groseilles, rincez-les
et mettez-les dans une casserole avec 2 cuillerées
à soupe d'eau. Portez à ébullition, puis baissez
le feu, couvrez et laissez frémir pendant 5 minutes
jusqu'à ce qu'elles ramollissent. Passez-les ensuite
au chinois pour les réduire en coulis. Mélangez
l'eau gazeuse et le sirop puis versez le tout
dans la casserole et laissez refroidir.

2   Versez le sucre dans une autre casserole
avec 30 cl d'eau et faites chauffer à feu doux
pendant 5 minutes, jusqu'à ce que le sucre
soit dissous. Augmentez ensuite le feu et faites
bouillir le sirop pendant 10 minutes.

3   Versez le coulis de groseilles dans le sirop
et mélangez. Portez de nouveau à ébullition, puis
baissez le feu et laissez frémir pendant 2 minutes.
Laissez refroidir, puis versez dans un récipient
que vous mettez au congélateur pour 4 heures,
jusqu'à ce que le sorbet ait pris. Servez dans
de jolies petites verrines et décorez avec quelques
groseilles.

• Par portion : 178 Calories – Protéines : 1 g –
Glucides : 46 g – Pas de lipides – Fibres : 4 g –
Sucres ajoutés : 41 g – Sel : 0,01 g.

Index

Abricot
Filet de porc aux abricots secs 174-175
Agneau
Aubergines farcies à l'agneau 176-177
Brochettes d'agneau à la menthe 22-23
Pizzas turques à l'agneau 74-75
Ragoût d'agneau à la menthe 154-155
Ananas
Carpaccio d'ananas
et de pamplemousse 198-199
Porc à l'aigre-douce 44-45
Artichaut
Pâtes aux artichauts et aux olives 70-71
Aubergine
Aubergines farcies à l'agneau 176-177
Aubergines grillées au yaourt 106-107
Ratatouille 94-95
Avocat
Salade d'avocats
et de crevettes 112-113
Betterave rouge
Maquereau aux épices
et à la betterave rouge 50-51
Salade de betteraves
au jambon cuit 120-121
Salade de pommes de terre
et de betteraves rouges 116-117
Bœuf
Hachis Parmentier 12-13
Hamburgers aux légumes 10-11
Pâtes à la sauce bolognaise 18-19
Ragoût de bœuf à l'italienne 68-69
Salade de panais au bœuf 152-153
Brocoli
Brocolis aux noix de cajou 108-109
Salade de poulet aux brocolis 100-101

Carotte
Tajine de poulet 32-33
Champignon
Cèpes-burgers 134-133
Gratin de poisson aux champignons
à l'ail 84-85
Rigatoni aux champignons 128-129
Spaghettis aux champignons aillés 60-61
Chevreuil
Steaks de chevreuil à la mûre 164-165
Chocolat
Muffins au chocolat 190-191
Poires en croûte de chocolat 180-181
Chou
Escalopes de porc croustillantes 28-29
Salade asiatique de chou
aux crevettes 118-119
Citron
Pilaf de poulet au citron 66-67
Poulet grillé au citron vert 58-59
Clémentine
Escalopes de porc
au jus de clémentine 62-63
Concombre
Salade de concombre épicée 104-105
Coquille Saint-Jacques
Spaghettis aux saint-jacques 166-167
Courge
Crumble de haricots secs
au potiron 160-161
Gnocchis au chèvre et à la courge 142-143
Risotto à la courge 46-47
Velouté de courge au porto 158-159
Courgette
Ratatouille 94-95
Crêpes Suzette 182-183

Crevette
  Crevettes korma 30-31
  Croquettes de crevettes 156-157
  Pad thaï 34-35
  Salade asiatique de chou
    aux crevettes 118-119
  Salade d'avocats et de crevettes 112-113
Cumin
  Poivrons rôtis au cumin 92-93
  Soupe de haddock au cumin 24-25
Curry
  Crevettes korma 30-31
  Curry de légumes thaï 126-127
  Curry aux œufs durs 132-133
  Curry de poulet aux herbes 14-15
Dinde
  Hamburgers de dinde
    aux épices 80-81
Épices
  Croquettes de crevettes 156-157
  Falafels 146-147
  Filets de poisson tex mex 54-55
  Légumes à l'indienne 88-89
  Maquereau aux épices
    et à la betterave rouge 50-51
  Pizzas turques à l'agneau 74-75
  Poulet épicé aux oignons rouges 72-73
  Salade de concombre épicée 104-105
Épinard
  Légumes rôtis au pesto 102-103
  Tortilla aux épinards 140-141
Fromage
  Gnocchis au chèvre
    et à la courge 142-143
  Pizza poêlée 136-137
Fruit
  Fruits secs au cognac 186-187
  Granité de mangue à la vanille 202-203
  Salade de fruits frais 184-185

Gingembre
  Bar au gingembre 178-179
  Crumble léger au gingembre 196-197
Gnocchis au chèvre et à la courge 142-143
Grenade
  Sorbet à la grenade 194-195
Groseilles
  Sorbet aux groseilles 210-211
Haricot
  Crumble de haricots secs au potiron 160-161
  Minestrone d'hiver 76-77
Herbes aromatiques
  Curry de poulet aux herbes 14-15
  Poisson au thym et à la tomate 86-87
  Saumon et sauce à l'estragon 168-169
Jambon
  Salade de betteraves au jambon cuit 120-121
Lapin aux pommes boulangères
    et aux champignons 162-163
Légumes
  Bar aux légumes à la vapeur 64-65
  Curry de légumes thaï 126-127
  Gratin de légumes d'hiver 96-97
  Hamburgers aux légumes 10-11
  Lasagnes aux cinq légumes 38-39
  Légumes à l'indienne 88-89
  Légumes rôtis au pesto 102-103
  Minestrone d'hiver 76-77
  Nouilles chinoises
    aux légumes sautés 150-151
  Nouilles chinoises au sésame 138-139
  Pâtes à la ratatouille 130-131
  Pizza poêlée 136-137
  Poulet à la chinoise 26-27
  Poulet aux légumes de printemps 48-49
  Ratatouille 94-95
  Salade de nouilles et de légumes sautés 110-111
  Soupe de pâtes aux légumes 144-145
  Tajine de légumes aux pois chiches 148-149

Lentilles

Dhal de lentilles corail
et chips de panais 124-125

Saumon à la vapeur aux lentilles 56-57

Macaron

Poires rôties aux macarons 200-201

Menthe

Aubergines grillées au yaourt
et à la menthe 106-107

Brochettes d'agneau à la menthe 22-23

Ragoût d'agneau à la menthe 154-155

Meringues nappées de sorbet 192-193

Mûre

Steaks de chevreuil à la mûre 164-165

Myrtilles

Meringues nappées de sorbet 192-193

Noix de cajou

Brocolis aux noix de cajou 108-109

Nouilles chinoises

Nouilles chinoises
aux légumes sautés 150-151

Nouilles chinoises au sésame 138-139

Pad thaï 34-35

Salade de nouilles et de légumes sautés 110-111

Œuf

Curry aux œufs durs 132-133

Pommes de terre rôties aux œufs 36-37

Tortilla aux épinards 140-141

Oignon

Poulet épicé aux oignons rouges 72-73

Olive

Pâtes aux artichauts et aux olives 70-71

Orange

Crêpes Suzette 182-183

Pêches pochées à l'eau de rose 208-209

Salade de poulet à l'orange 98-99

Pain

Cèpes-burgers 134-135

Hamburgers de dinde aux épices 80-81

Hamburgers de thon haché 82-83

Poulet à la Kiev 42-43

Pudding aux pommes
et au caramel 206-207

Pamplemousse

Carpaccio d'ananas
et de pamplemousse 198-199

Panais

Dhal de lentilles corail
et chips de panais 124-125

Salade de panais au bœuf 152-153

Pâtes alimentaires

Lasagnes aux cinq légumes 38-39

Pâtes aux artichauts et aux olives 70-71

Pâtes à la ratatouille 130-131

Pâtes à la sauce bolognaise 18-19

Rigatoni aux champignons 128-129

Soupe de pâtes aux légumes 144-145

Spaghettis aux champignons aillés 60-61

Spaghettis aux saint-jacques 166-167

**Pêches pochées
à l'eau de rose** 208-209

Petits pois

Poisson pané, frites
et purée de petits pois 20-21

Risotto aux petits pois 122-123

Poire

Poires en croûte de chocolat 180-181

Poires rôties aux macarons 200-201

Poires au vin 204-205

Poireau

Gratin de poireaux
et de pommes de terre 90-91

Pois chiches

Falafels 146-147

Salade orientale 114-115

Tajine de légumes aux pois chiches 148-149

Poisson

Bar au gingembre 178-179

Bar rôti à la sauce romesco 172-173
Bar aux légumes à la vapeur 64-65
Filets de poisson tex mex 54-55
Gratin de poisson aux champignons
    à l'ail 84-85
Hamburgers de thon haché 82-83
Maquereau aux épices
    et à la betterave rouge 50-51
Poisson pané, frites
    et purée de petits pois 20-21
Poisson au thym et à la tomate 86-87
Saumon et sauce à l'estragon 168-169
Saumon à la vapeur aux lentilles 56-57
Soupe de haddock au cumin 24-25

Poivron
Bar rôti à la sauce romesco 172-173
Poivrons farcis au poulet 78-79
Poivrons rôtis au cumin 92-93

Pomme
Crumble léger au gingembre 196-197
Petits flans à la saucisse 16-17
Porc aux pommes et au sirop d'érable 52-53
Pudding aux pommes et au caramel 206-207

Pomme de terre
Gratin de légumes d'hiver 96-97
Gratin de poireaux
    et de pommes de terre 90-91
Hachis Parmentier 12-13
Lapin aux pommes boulangères
    et aux champignons 162-163
Poisson pané, frites
    et purée de petits pois 20-21
Pommes de terre rôties aux œufs 36-37
Salade de pommes de terre
    et de betteraves rouges 116-117

Porc
Escalopes de porc croustillantes 28-29
Escalopes de porc
    au jus de clémentine 62-63

Filet de porc aux abricots secs 174-175
Filet de porc au sirop d'érable 170-171
Porc à l'aigre-douce 44-45
Porc aux pommes
    et au sirop d'érable 52-53

Poulet
Curry de poulet aux herbes 14-15
Pilaf de poulet au citron 66-67
Poivrons farcis au poulet 78-79
Poulet à la chinoise 26-27
Poulet épicé aux oignons rouges 72-73
Poulet grillé au citron vert 58-59
Poulet à la Kiev 42-43
Poulet aux légumes de printemps 48-49
Salade de poulet aux brocolis 100-101
Salade de poulet à l'orange 98-99
Tajine de légumes
    aux pois chiches 148-149
Tajine de poulet 32-33
Tortillas de poulet à la sauce hoisin 40-41

Riz
Pilaf de poulet au citron 66-67
Risotto aux petits pois 122-123

Saucisse
Petits flans à la saucisse 16-17

Semoule
Salade orientale 114-115

Sirop d'érable
Filet de porc au sirop d'érable 170-171

Sorbet fizz 188-189

Tomate
Minestrone d'hiver 76-77
Poisson au thym et à la tomate 86-87
Ragoût de bœuf à l'italienne 68-69
Ratatouille 94-95

Tortillas de poulet à la sauce hoisin 40-41

Vanille
Granité de mangue à la vanille 202-203
Poires au vin 204-205

Crédits photographiques

L'éditeur remercie les personnes suivantes
pour l'avoir autorisé à reproduire leurs photographies.
En dépit de tous ses efforts pour lister les copyrights, l'éditeur
présente par avance ses excuses pour d'éventuels oublis
ou erreurs, et s'engage à en faire la correction dès la première
réimpression du présent ouvrage.

Marie-Louise Avery p. 205 ; Peter Cassidy p. 13, p. 179, p. 184 ;
Jean Cazals p. 173, p. 203, p. 211 ; Gareth Morgans p. 6, p. 11,
p. 19, p. 21, p. 23, p. 25, p. 31, p. 33, p. 37, p. 39, p. 45, p. 49,
p. 53, p. 55, p. 57, p. 61, p. 71, p. 75, p. 99, p. 119, p. 121,
p. 123, p. 131, p. 133, p. 135, p. 137, p. 139, p. 143, p. 145,
p. 147, p. 149, p. 167, p. 169, p. 175, p. 189, p. 191, p. 193,
p. 197, p. 199 ; David Munns p. 27, p. 29, p. 35, p. 59, p. 95,
p. 115, p. 117, p. 159, p. 171, p. 187, p. 207, p. 209 ; Myles New
p. 15, p. 63, p. 77, p. 81, p. 101, p. 103, p. 109, p. 125, p. 127,
p. 129, p. 151, p. 155, p. 183 ; Lis Parsons p. 41, p. 51, p. 79,
p. 91, p. 111, p. 161 ; Michael Paul p. 47 ; Craig Robertson p. 17,
p. 67, p. 153 ; Brett Stevens p. 201 ; Roger Stowell p. 73, p. 113,
p. 181 ; Debbie Treloar p. 97 ; Simon Walton p. 43, p. 69, p. 141 ;
Philip Webb p. 93, p. 107, p. 157, p. 163, p. 165, p. 177, p. 195 ;
Kate Whitaker p. 89, p. 105

Toutes les recettes de ce livre ont été créées par l'équipe
de BBC Good Food magazine.

Imprimé en Espagne par Graficas Estella, Estella
Dépôt légal : mars 2010 – 304074/01 – janvier 2010